이제 공간에 주의하십시오

• 공간주의 ATTENTION2.SPACE

문화연구를 전공하며 만난 세 사람이 모여 만든 공간문화 플랫폼이다. 2021년부터 공간을 말하고, 쓰고, 사용하고, 조사하고, 매개하고, 연결하기를 지향하며, 공간에 관한 폭넓은 작업물을 자격·형식 조건 없이 수집하고 공개하고 있다. 서울시 청년허브 커뮤니티 실험 [잡종도시서울]을 진행했고, 그 과정과 결과를 기록한 동명의 독립출판물을 발간했다. 한국공간환경학회의 연구모임 지원사업을 통해 플랫폼 어바니즘에 관한 공동연구를 진행했고, 결과물로 논문 [플랫폼과 도시공간은 어떻게 관계 맺는가]를 발표했다. 독립전시공간 '수건과 화환'의 전시 [TEXT BUFFET VOL.2]에 참가하기도 했다.

• 홈페이지: https://attention2.space

이제 공간에 주의하십시오

초판 발행 2023년 11월 28일

지은이 신지연 이승빈 김영대

디자인 정재완

일러스트 정원교

펴낸이 최외출

펴낸곳 영남대학교출판부

출판등록 1975년 9월 5일 경산 제16-1호

주소 경상북도 경산시 대학로 280

전화 053) 810-1801~3

FAX 053) 810-4722

홈페이지 book.yu.ac.kr

ISBN 978-89-7581-878-3 03300

정가 20,000원

이 도서는 한국출판문화산업진흥원의
'2023년 우수출판콘텐츠 제작 지원'
사업 선정작입니다.

이제 공간에 주의하십시오

공간주의 ATTENTION2.SPACE 기획
신지연, 이승빈, 김영대 지음

w.h.d.

기획의 말

공간주의 ATTENTION2.SPACE는 미디어와 문화를 공부하며 만난 세 사람이 모여 만든 공간문화 플랫폼이다. 공간주의는 지난 2021년 봄, 여러 학술 분과뿐만 아니라 학계 바깥의 더욱 넓은 지대에 펼쳐져 있던 '공간'에 관한 논의를 연결하고 매개하는 것을 목표로 시작됐다. 설립 2년을 넘긴 지금은 세 사람 외에도 공간에 관한 저마다의 관심과 배경, 그리고 입장을 가진 다양한 이들이 참여하면서 작업물을 축적하고 있다. 그런 점에서 공간주의는 공간에 대한 파편들을 매개하고 재조합하는 '접경지대' 이자 '공통지대'의 지향을 향해 계속 나아가고 있으며, 또한 나아가고자 한다.

이 책은 공간주의 온라인 플랫폼과 그 주변에 축적된 여러 작업물 가운데, 초기 구성원 세 명의 작업물 일부를 영남대학교 출판부의 도움을 받아 단행본 형식으로 고치고 엮은 것이다. 공저자들은 단행본 출간을 준비하며, 공간주의에 탑재한 각자/서로의 작업물이 공간의 '구축', '순환', '모색'에 함께 주목해 온 것을 재발견했다. 이에 이 책에서는 세 가지 대주제를 중심으로, 플랫폼 바깥에 '이제 공간에 주의하십시오'라는 표제로 소개하고 싶은 글들을 조합했다. 향후 더욱 다채로운 플랫폼 참여자들의 작업물을 엮을 수 있기를 희망한다.

*

우리는 대화와 탐구를 거듭하며 우리의 삶과 정치의 공간적 양태를 구체적으로 논의할 필요에 공감했다. 그래서 서로 연결되고 이따금 충돌하기도 하는 공간에 관한 이야기를 통해 지금 왜 공간적 사유가 중요한지, 그리고 공간을 통해 바라보는 세계는 어떠한지 그려보고자 했다. 단행본은 이와 같은 목적을 향한 지금까지 우리의 움직임이 만든 궤적의 발췌물이며, 책이라는 인공물을 통해 기존의 채널과는 다른 경로로 우리 공간을 매개하고자 하는 시도다. 이 책이 '접경지대'와 '공통지대'를 만들자는 공간주의의 기획을 확장하고, 스스로 설정했던 소명을 다하게 되는 때를 당겨올 사물이 되기를 기대한다.

책은 구축, 순환, 모색으로 이어지는 세 개의 부, 열두 개의 글로 구성됐다.

1부 "구축"에서는 '공간에 대한 공간'으로 우리가 구축하고자 했던 플랫폼 구현의 방향이 드러나는 작업물을 모았다. 1부의 글들은 공간주의가 구축하고 싶었던 공간의 지침과 모양, 그리고 이를 위해 긍정적으로든 부정적으로든 참고했던 다른 성격과 좌표, 스케일의 공간 구축 방식을 살펴보고 있다.

2부 "순환"에서는 공기와 변, 자전거와 지하철, 사람의 몸과 같이 (도시) 공간을 구성하고 가로지르는 물질의 순환을 다룬다. 또한, 순환에 필요한 길과 망, 정치, 정동을 함께 다룬다. 이로써 2부의 글들은 도시를 중심으로 공간의 기존 논리를 구성해 온 순환의 적절성과 정당성을 재검토한다.

3부 "모색"에서는 공간과 이동의 정치가 나아갈 방향들을 탐색하고자 했다. 이를 위해 3부의 글들은 공간에 존재하는 틈새와 균열에 주목하며, 또한 이로부터 '너머'의 정치적 가능성을 상상한다. 이는 또한 어떤 공간을 만들고 살 것이냐는 질문에 응답하는 여정의 중간 정착지이다.

*

이 책에는 일종의 선언문부터 비평, 에세이, 논픽션, 학술 작업의 워킹페이퍼(working paper)에 이르기까지 형식과 장르를 막론한 다양한 주제와 입장(들)이 뒤섞여 있으며, 이들은 때로는 연합하고 때로는 경합하는 공간의 관계적 성격을 그 자체로 드러낸다. 책이라는 매체'공간'의 특성상, 공저자들은 구축/순환/모색의 배열 순서를 제안했지만, 반드시 순서대로 읽을 필요 없이 자유롭게 부딪히는 독서를 즐겨주시길 바란다. 또한, 이 책을 통해 우리의 몸, 주변의 건물과 동네, 그리고 도시와 세계에 이르는 여러 장소의 성격을 조금이라도 더 이해할 수 있다면 더할 나위 없이 좋겠다.

차례

1부 구축

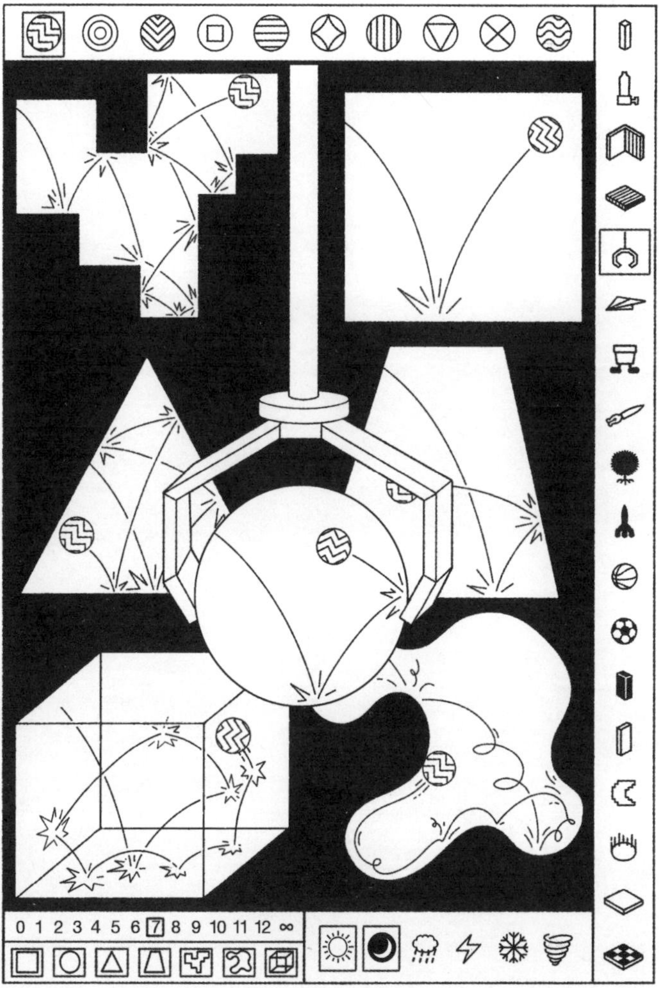

공간주의 구상 1안

이승빈

▫▪▫ 공간주의 구상

우리 모두는 각자가 위치한 사회적이고 역사적이며 문화적이고 지리적인 위상에서 공간을 경험한다. 이 위상은 모든 이에게 온전히 동일할 수 없다. 동일한 위상의 3차원 좌표 위에서 복수의 주체가 완전히 겹쳐져 존재할 수 없는 것과 같다. 각기 다른 위상에서 펼쳐지는 경험은 공간을 장소로 체험하도록 만든다. 장소 체험을 통해 공간은 각기 다른 장소로 분할된다. 물론 공간은 원론적으로 장소 체험들의 중첩들로 구성되는 것이다. 하지만 우리가 목격한 각각의 장소체험들은—그것이 공간을 말하고 있음에도 불구하고—자신의 장소 영토 바깥을 벗어나지 않는다/못한다. 설령 인접한 위상과 유사한 성격의 공간조차도 더 이상 같은 공간이라고 말할 수 없다.

오늘날 물질세계에서 목격되는 주된 경향의 하나는 '요새화'로 말해질 수 있는 장소화의 심화이다.[1] 예컨대 도시 실재계의 공간에서 요새화는 이미 상당부분 진행되었으며, 또한 우리가 목격하는 현재 진행형의 현상이기도 하다. 요새화된 도시 공간의 세부 영역(sphere)과 구역(pocket)들은 각각의 장소-영토로 분할된다. 영토들의 테두리에는 경계로서의 담벽이 높게 솟는다. 영토의 비구성원이 영토에 진입하기 위해서는 까다로운 인증 과정이 요구된다. 게이티드 커뮤니티(gated community)와 게토화(ghettoizing)로 예증될 수 있을 공간의 현재적 파편화 경향에서 각 영토의 구성원들은 영토 단위의 장소 체험을 통해 각자의 사회-공간과 공간-문화를 구성한다. 이제 이 사회문화적이며 동시에 지리적인 속성은 분할된 영토를 아우르는 공통 공간을 구성하지 못한다. 영토의 확장과 강화는 기존의 공유지를 인클로징(enclosing)하기 때문이다. 이처럼 도시의 스케일에서 발생하는 심화된 장소화의 경향은 그 상·하위 스케일의 공간에서도 유사하게 반복된다.

장소화의 심화 경향은 단지 공간적 실체에 국한되는 것이 아니다. 우리는 오늘날 많은 이들이 공간을 말하는 것을 어렵지 않게 목격할 수 있다. 계획가, 건축가, 역사가, 활동가, 기업가, 비평가, 예술가, 문학가, 철학가, 행정가, 정치가, 지리학자, 지역학자, 인문학자, 여성학자, 인류학자, 사회학자, 경제학자, 언론학자, 문화연구자, 큐레이터, 아키비스트, 디벨로퍼, 해커, 게이머, 장애인, 비장애인, 운전자, 보행자, 부동산 소유인, 임차인, 관광객 …… 한없이 나열할 수 있을 듯한 이 목록은 우리가 목격한 '공간'을 말하는 행위자들의 일부다. 이들 각자는 자기 관점의 장소 체험을 공간의 이름으로 전파한다. 공간을 자기 서사의 정당화에 도움이 되는 수사로 활용하는 것이다. 그렇기에 분할된 상당수 담론에서 공간은 총체적인 실체가 되지 못한다. 예컨대 문학적 심상의 도시공간은 공간 설계자의 도시공간과 쉽게 중첩되지 않는다. 관념적 철학의 공간관은 사회과학 연구의 구체적인 도시공간에서 그 설명력을 잃는다. 부동산 소유인과 임차인, 그리고 관광객의 장소체험은 겹쳐지지 못한다. '도시 실재계'에 대한 접근과 '도시 상상계'에 대한 접근의 분단은 공간을 분할하고 총체로서의 공간에 대한 주의력을 흩트려 놓는다. 도시의 영토화에서 그랬던 것처럼—혹은 그 이상으로—각 분과의 외부인의 분과 내에서 발화하기까지는 보다 까다로운 인증 절차가 요구된다. 이와 같은 현재 상황에서 각기 나뉜 담론 구성체가 말하는 공간은 실상 장소체험에 불과하다. 이것은 각자가 위치한 장(場)이라는 영토-가두리 안에서(만) 울려 퍼지는 메아리에 가깝다.

예외적으로 목소리 큰 이들의 발화는 자기 가두리를 둘러싼 담벽을 넘어서 다른 가두리에 닿기도 한다. 그러나 이 때 가두리와 가두리의 사이에 놓여있는 경계는 (열어짐을 가장하여) 보다 두터워진다. 그것은 대부분 확성기를 확보할 수 있는 소수 기득권의 발화일 뿐이기 때문이다. 반면 가두리 내부의 새로운 경향이나 소수자의 목소리가 다른 가두리에 닿기까지는 기약 없는 지연이 요구된다. 결국 닿지 못하고 말소되는 목소리도 상당하다. 목소리 큰 이들과 달리 각고의 노력을 통해 다른 가두리의 일회적 인증 절차를 통과한 이들이 원래의 가두리에서 이방인으로 취급되는 경우도 적잖다. 이는 각자의 장소경험을 중첩시킬 수 있는 공유지로서의 접경지대가 부재하기 때문이다. 접경지대가 없다면 공간의 조각들은 단지 하나의 조각으로만 남을 뿐이다.

우리는 앞서 영토화가 도시의 상·하위 스케일에서 반복되고 있다고 말했다. 이처럼 공간을 둘러싼 현상은 다중 스케일적으로 작동한다. 주목할 필요가 있는 몇몇 선행 접근은 공간이 각기 다른 스케일 요인들이 맺는 상호 관계의 산물(the product of interrelations)이자 동시에 그 주요한 요인이기도 하다는 점을 입증해냈다.[2] 그러나 이와 같은 다중 스케일적 접근은 일부 학술장의 가두리를 벗어나지 못하고 있다. 여전히 공간을 논하는 적잖은 담론과 작업이 공간을 단일한 스케일에서 사유하고 있는 것이다. 이와 같은 단일 스케일적 접근은 공간 경험이 각각의 장소 체험으로 쪼개어진 상황에, 공간을 행위 발생의 용기나 후경으로 치부하는 서구 전통의 담론 지형에, 그리고 공간을 여전히 멈춰 서있는 부동의 영역으로만 사유하는 경로의존적 사고 등에 기초한다. 이와 같은 요인이 반복 재생산되는 것은 각기 다른 다중적 스케일에서—그리고 다중적 스케일 자체를 주목하며—이루어진 작업물들이 서로 만날 수 있는 스케일'들'의 공간이 존재하지 않기 때문이다. 다시 말해, 다중 스케일적 접근의 유용성이 밝혀진 현 시점에도 (최소한 한국어 공간 담론의 지형에서만큼은) 스케일을 가로질러 만날 수 있는 접경지대는 부재하고 있다.

이에 우리는 공간주의를 제안한다. 공간주의(空間注意)는 공간에 대한 하나의 단일한 주의(主意)를 주창하기 위한 시도가 아니다. 우리의 목적은 각자의 장소 체험이 상이한 위상에서 구성된 것임을 드러내고 이를 종합함으로써 일관되지 않은 공간을 맥락화하는 것이다. 목적 달성의 성패는 상이한 도시 실재계와 도시 상상계의 영토에서 분화된 공간의 조각들에 대한 '조각 모음'의 실행 수준에 달려 있다. 그것은 개별 영토와 분과, 각기 다른 개별 스케일이라는 이질적 장소의 가두리 너머-사이에서 이루어질 수 있다. 이에 공간주의는 공간을 주의하고 전면화하는 이질적인 작업들이 만나는 경계 없는(border-less) 접경지대가 되고자 한다. 이때 접경지대는 각기 다른 토대와 스케일에서 발전한 공간에 대한 작업들의 논쟁이 펼쳐지는 전장이자, 동시에 그 전장에서 합의된 공통 방향의 총체적인 공간 생산을 위한 공동진지를 의미한다. 공간주의의 접경지대는 거대한 스피커에 가려져 가두리 안에서만 메아리쳐졌던 작은 목소리들의 참여를

환영한다. 또한 우리의 접경지대가 공간의 (재)구성을 위한 전술과 실천의 매개 장치가 될 수 있기를 희망한다.

▫▪▫ 구상의 구상

구상의 1안은 2021년 4월 14일 처음 공개되었다. 이 글은 원래 <공간주의>의 온라인 플랫폼의 소개로, 특히 우리의 지향을 설정·설명하기 위한 목적에서 설립의 첫 제안자였던 필자에 의해 작성되었다. 이 글의 작업과정에는 우리의 공통 지향을 드러낼 수 있는 글에 대한 공동설립자 김영대 씨의 제안, 구성과 방향에 대한 공동설립자 신지연 씨의 기여, 그리고 이들의 검수가 함께했다. 지금의 우리는 이 글의 문제의식을 공유하며 이를 최초 지향으로 설정하는 데에 동의한다. <공간주의>는 여기에서 출발한다.

하지만 우리는 이 글을 <공간주의>의 기본 규정으로는 설정하지 않기로 결정한다. 이는 한편으로 인트로 페이지의 스크롤 문제와 관련되어 있지만, 보다 주효하게는 우리 스스로가 우리의 최초 지향에 충실하기 위해서는 역설적으로 스스로의 최초 지향을 절대화해서는 곤란하기 때문이다. 이 글에서 제시한 것처럼 우리의 지향은 가두리와는 다른, 가두리의 사이에 접경지대를 구축하고자 함에 있다. 그런데 우리는 각각의 가두리가 제도의 높은 담벽에 의해 둘러싸여 있음을 목격했다. 이때 제도의 장벽은 틈을 허용하지 않는 경계인 것'처럼' 작동한다. 우리는 제도가 되지 않으려 한다. 리처드 세넷(Richard Sennett)이 말한 것처럼 경계와 구분되는 테두리 공간으로서의 접경지대의 실천적 가능성은 다공(질)성에 기대있다.[3] <공간주의>가 목표하는 접경지대도 유사하다. 우리가 구축하려는 접경지대는 서로 상이한 문제의식 및 스케일의 침투가 허용되는 다공성의 공간이다.

이 글이 제기한 문제의식과 지향은 <공간주의>의 출발점에 있다. 하지만 우리는 절대적인 기본형 규정의 제시를 통해 사전적으로 우리를 규정하기를 원치 않는다. 우리를 정말로 규정하는 것은 출발점 그 자체가 아니라 우리가 공간과 관련한 어떤 구체적 작업들을 하는지(쓰는지/모으는지)의 문제다. 이는 공간이 자연환경 내지는 최초 건조자에 의한 건조환경만을 구성 요인으로 생산되는 것이 아니라, 그 위/옆/아래에서 관계를 맺는 다종다양한 스케일과 행위자에 의해 구성-생산되는 것이라는 점과 상응한다. 공간이 끊임없이 (재)구성과 (재)생산되는 것이라면 공간을 다루는 플랫폼이 불변할 기본 규정과 상정하는 것은 결코 적절하지 않다. 따라서 이 글은 공간주의 구상의 1안이다. 그것은 우리가 조각모음의 목표를 일정수준 달성한다는 전제하에 <공간주의>의 구상 역시 2, 3, 4안…으로 계속 이어지며 새롭게 재구성되고, 재생산될 수 있음을 의미한다.

볼 수 있는 것과 느낄 수 있는 것 사이

신지연

옛날에는 광주에 가려면 다섯 시간 넘게 좁은 버스를 타고 가야 했다던데 이제는 KTX를 타면 두 시간도 걸리지 않는다. 나는 서울의 원룸에서 지하철을 한 번 갈아타 용산역에 갔고, 용산역에서 3시 20분쯤 기차를 타 광주송정역에는 5시가 좀 넘어 도착했다. 광주송정역에서 다시 광주 1호선으로 갈아타 문화전당역에서 내렸고 54번 버스를 타고 집에 도착했다. 집에 오니 6시 반이었다. 가끔은 이 모든 게 너무 빠르게 진행돼서 광주에 도착해도 내가 광주에 있는 건지 서울에 있는 건지 헷갈릴 때가 있다. 몸은 덜 피곤하지만 오히려 노이즈가 감소해서 정신적으로 더 몽롱하다. 광주에 가면 어쩐지 더 쉬고 싶고 바쁘게 어딘가를 가고 싶지 않지만, 구 국군광주병원에서 전시를 한다고 해서 거기는 가봐야지 다짐했다.

다음날 점심을 먹고 "비엔날레 보러 국군병원에 갈 거야" 하니까 엄마는 "거기서 전시를 한대?"라고 물었다. 거기 근처가 옛날에 안기부가 있던 자리라고 했다. 지금은 함평으로 이전해서 구 국군광주병원인데, 그냥 국군병원이라고 해도 이해하는 엄마가 신기했다. 엄마는 내비게이션을 찍지 않고도 어딘지 알고 나를 거기에 내려줬다. 구 국군광주병원은 화정동에 있는데 나는 그 근처에 살았던 사람도 알고 있고, 수도 없이 그 근처에 갔었지만 아파트, 교회, 병원과 같은 각종 제도적 공간들 사이에 이런 공간이 있다는 건 상상해본 적이 없었다. 구 국군광주병원과 제도적 공간은 담을 사이에 두고 매우 가까이 있었지만 군사 시설이라는 특수성 때문인지 실제 거리보다 훨씬 더 격리된 느낌을 주었다. 그러나 광주 시민의 일상에서 잊혀졌다는 책자의 설명과는 다르게 희고 녹음에 둘러싸여 있는 건물들 근처로 여전히 주민들은 산책을 하거나 체조를 하고 있었고, 누가 가져왔는지 궁금해지는 집에서나 있을법한 의자들 위에 앉아 관광객들을 쳐다보기도 하고 이야기를 하기도 했다. 이곳 부지가 화정근린공원으로 바뀌기도 해서겠지만, 사람들이 이 공간을 생활공간으로 사용하고 있다는 점이 여전히 신기하게 다가왔다.

이렇게 밀리지 않고 남아있는 오래된 건물 중에 흔적이 지워지지 않은 공간을 최근에 본 적이 있었나 곱씹어 봤다. 1964년에 지어졌으니까 몇 년이더라 세어봤다. 나는 종종 사람들이 공간을 그냥 내버려 뒀으면 좋겠다고 생각한다. 옛 전남도청에 아시아문화전당을 만든다고 할 때도,[4] 총탄 자국이 200개도 넘게 박혀있는 전일빌딩을 리모델링한다고 할 때도 비슷한 생각을 했다. 아무리 보존과 재구성에 힘쓴다고 해도 '원형 공간' 그대로가 드러낼 수 있는 것들이 옅어진다는 것은 아쉬운 일이다. (물론 고정적인 공간이란 존재하지 않는다는 점에서 '원형'이라는 단어만큼 공간과 어울리지 않는 단어도 없을 것이다.)

병원 본관과 국광교회는 5.18민주화운동 사적지임에도, 2007년 함평으로의 이전 후 출입이 제한된 채 '그대로' 남겨져 있었다(2018년 광주비엔날레 커미션 때 잠시 전시장으로 사용된 적은 있다). 이후에 이 공간들이 또 어떤 변화를 겪을지 모르니 일반 시민들에게 공개되는 기회를 놓쳐서는 안 된다고 생각했다(공개되는 순간 이미 또 한 번의 변화를 맞은 것이겠지만).

30분간 이어지는 전시 투어를 따라 걷다가, 이후에는 혼자 다시 병원 본관을 걷기 시작했다. <거울의 울림(장소의 맹점, 다른 이를 위한 표식)>을 설치한 마이크 넬슨(Mike Nelson)은 텅 빈 병원을 배회하는 동안 눈에 보이지 않는 '어떤 존재'를 느꼈다고 한다.[5] 병원의 목격자이자 시간의 증인이자 기록인 거울을 그는 국광교회 내부에 설치했다.

대낮인데도 공간을 걷는데 계속해서 위축됐다. 책자에서 마이크 넬슨 작가에 대해 설명한 문구 중에 '분위기' 같은 것으로 밖에 묘사하고 설명할 수 없는 어떤 분절된 서사들을 조합시킨다는 대목이 생각났다. 걷는 동안 계속해서 뒤를 돌아보게 됐다. 내가 목격하지 못한 것들, 놓친 서사들이 있을까 두려워서였을까? 텅 비어 있지만 무언가로 가득 차 있다는 이 느낌이 책자가 말하는 '분위기' 같은 것일까? 독일의 철학자 게르노트 뵈메(Gernot Böhme)는 감성적 지각에 있어서 "우리가 느끼는 분위기"[6] 그 자체가 매우 중요하다고 말하는데, 눈앞의 사물을 지각하기 앞서 지각 주체와 사물이 놓여있는 공간과 환경에 대한 분위기가 먼저 지각된다고 설명한다.[7] 뵈메의 감성학을 설명한 심혜련에 따르면, 뵈메가 분위기에 있어 가장 주목한 것은 바로 공간성(räumlichkeit)이며, "지각, 신체, 환경 자연 그리고 예술 그 모든 주제들이 분위기의 공간성과 연결"[8]된다.

희고 어딘가 퀴퀴한 냄새가 나지만 깨진 틈 사이로 초록 식물들이 일정 부분 침투해있는, 옛날 복도 바닥이 주는 질감과 차가운 공기로 둘러싸인 공간에 나는 진입해있다. 이곳에서 많은 흔적을 마주한다. 과거의 시간을 여기 이곳에 불러오는 흔적은 가시적일 수도, 비가시적일 수도 있지만 반드시 물질성을 갖는다. 흔적의 지시 대상이 여기 이곳에 없다고 하더라도 말이다.[9] 이러한 흔적은 나로 하여금 공간에 몰입하게 하고 분위기를 감지하게 한다.

나는 이후에 찾아간 광주극장 옆에 있는 소년의 서라는 서점에서 산 박솔뫼의 신작을 읽다가 다시 이 공간에서의 시간을 떠올렸다. "어떤 시간들은 뭉쳐지고 합해지고 늘어나고 누워 있고 미래는 꼭 다음에 일어날 것이 아니고 과거는 꼭 지난 시간은 아니에요."[10] 시간이 과거-현재-미래로 연속적이지 않듯 공간 역시 그렇지 않다는 생각을 했다. 나는 이곳이 시간이 펼쳐져 있다고 느껴지는 공간 중 하나라고 생각했고 그게 어떤 알 수 없는 죄책감이나 으스스함, 새로운 다짐들을 불러일으킨다고 느꼈다.

나중에 구 국군광주병원에 다녀온 사실을 이야기하자 60년생인 아빠도 이곳에 다녀왔다. 5.18민주화운동의 목격자이기도 한 아빠는 이 공간이 "시간이 멈추어버린 공간"이라고 했다. 할아버지는 아빠가 여섯살 때 지프차에 사고를 겪어 이곳에 입원했었고, 또 몇 년 후 삼촌은 군대에서 다쳐 이곳에 머물렀다는 사실을 이 글을 쓰면서 알았다. 나는 구 국군광주병원에 처음 가봤고 나에게 이곳은 5.18민주화운동 당시 시민들이 치료 받았던 역사적 공간일뿐 개인적인 기억은 없었다. 이곳에 개인사가 얽혀 있지만 우연히 이 공간이 역사적 사건과 얽히면서 장소화의 단절을 겪은 아빠에게 이곳은 단절의 공간이다. 투어를 함께 한 도슨트는 역사의 소용돌이에 휩쓸렸다는 이유로 방치된 이 공간 역시 피해자일 수 있다는 말을 전했다. 하지만 그 말을 들을 때 나는 이 공간이 정말 방치되었나 하는 의문과 장소화의 단절이 언제나 피해이기만 할까 하는 생각을 했다. 전시를 보고 다시 돌아 나가는 길에 고등어 무늬를 한 고양이가 뛰어서 깨진 창문 안으로 들어가는 것을 목격했다.

"과거의 사람들이 가져오려 애쓰던 미래는 여전히 미래로 여겨지고 내가 그리는 미래도 미래에는 다시 되살리고 싶은 미래가 될 것이다. 원하는 미래를 그리고 손으로 만져보기 위해 어떤 시간을 반복해야 할까. 나는 그것을 우선 어딘가에 써두어야

겠다고 생각했다."[11] 박솔뫼의 신작인 <미래산책연습>을 읽으면서 이것을 꼭 어딘가에 써두어야겠다고 생각했다. 5·18민주화운동 40주년 기획 전시 <메이투데이(MaytoDay)> 책자에는 5.18민주화운동은 박제된 과거가 아닌, '잠재적 역사(potential history)'로 일상에서 우리와 마주한다고 적혀있다. 잠재적 역사를 말한 아리엘라 아이샤 아졸레이(Ariella Aïsha Azoulay)는 폭력을 먼 과거에 박제시키는 시간성에서 벗어나, 폭력이 구체화하는 지위나 형태를 마치 돌이킬 수 없는 것으로 인식하는 것을 거부해야 한다고 말한다. 여전히 존재하는 폭력의 잠재성에 대해 지속해서 주목하면서도, 회복될 수 없는 것으로서 과거를 단정하지 않아야 한다는 것이다.[12] 나는 그 시공간을 현재로 불러오기 위해, 원하는 미래를 그리기 위해 이 글을 쓰고 있다.

나는 90년대에 광주에 태어나 성장했고 광주의 진실이 어느 정도 공개된 후의 세상에서 살아왔지만 동시에 부정하려는 시도를 겪기도 했다. 5.18을 직접 겪은 세대는 아니지만 어릴 때부터 봐왔던 사진과 영상들, 어른들의 증언, 내가 직접 가본 공간들을 통해 느끼고 기억하고 있고, 그런 점에서 나 또한 집합적 기억을 지닌 일원일지도 모른다. 또한, 이 사실은 구 국군광주병원이라는 공간을 체험하는 데에 있어 다른 경험을 형성했을지도 모른다. 이 글이 불특정 다수에게 어떻게 전해질지 두려우면서도 이 공간을 경험한 다른 사람들은 어떤 생각을 하고 어떤 분위기를 느꼈고 어떤 미래를 그렸는지 궁금하다. 2021년 5.18민주화운동 특별전의 타이틀은 <볼 수 있는 것과 말할 수 있는 것 사이(Between the Seen and the Spoken)>다. 나는 이 글의 제목을 <볼 수 있는 것과 느낄 수 있는 것 사이>로 짓기로 한다.

리미널스페이스론

김영대

▫▪▫ 들어가며

2020년 즈음부터 레딧(Reddit) 같은 북미 웹 커뮤니티에서는 리미널공간(liminal space) 이미지와 이야기가 오가고 이제 어느 정도 덩치를 가진 군집이 되었다. 리미널공간의 이미지를 공유하고 느낌을 토로하는 문화는 인터넷 이곳저곳으로 확산되어 이제 트위터나 인스타그램, 틱톡 같은 플랫폼에서도 리미널스페이스를 검색하면 여러 쎄한 공간 이미지를 접할 수 있다.

리미널공간의 이미지들은 공통적으로 우리에게 친숙한 공간이지만 쎄하고 불안하고 불편하다. 무엇이 이 공간을 불편하게 하고 또 매혹적이게 만드는 것일까? 이 글에서는 리미널공간이 가진 위력과 가능성을 탐구한다.

▫▪▫ 문턱과 경계들

리미널공간에서 리미널(liminal)은 문턱(영어로는 threshold라고도 하는)을 의미하는 라틴어 어근 limen에서 나온 단어이다. 문턱은 말 그대로 공간과 공간 사이에 있는 틈새, 사이를 가리키는데 학술담론에서도 이 문턱됨은 빅터 터너 같은 사회인류학자가 통과의례가 벌어지는 시공간을 다룰 때나 상징적 상호작용론 전통의 사회학이 사회세계들의 경계를 다룰 때 혹은 과학철학자 가스통 바슐라르의 인식론적 문턱, 자크 데리다의 울타리 같은 용어로 나타난다.

위 배경을 단순화시켜 말하자면 문턱됨은 과도기적 시공간이나 서로 다른 규범이 작동하는 사회세계의 경계에서 나타난다. 예를 들어 생애주기를 공간처럼 쪼개서 본다면 문턱은 청소년기, 성인식, 휴가, 잠 들러 가는 시간, 이혼, 독립, 이직 후 같은 시간대로 나타나는 것이다.

하지만 우리는 공간에 대해 말하고 있지 않았는가? 우리가 사는 세계에서 이도저도 아닌 중간의 공간에서도 문턱됨을 발견할 수 있다. 공간의 예로는 리미널공간을 검색하면 나오는 수많은 계단, 복도, 엘리베이터, 식당, 휴게실, 호텔, 공항, 미술관을 떠올리면 좋다.

이렇게 보면 문턱됨을 시간과 공간이 맞물린 특정한 상황의 성질로 생각하는 쪽이 유용하다. 이 상황에서 시간 양태와 공간 양태 중 특정한 양태가 더 부각될 때 리미널 시간과 리미널 공간에 관한 예를 읊어 볼 수 있겠지만 사실 둘은 맞물려 나타나기도 하기 때문이다.

▫▪▫ 인간 세계의 붕괴와 문턱

그렇다면 북미웹에서 순환하는 리미널공간의 감각적 양태는 어떻게 나타날까? FANDOM Aesthetics Wiki의 리미널 공간 항목이 유용한 출발점이다.[13] 이 집합적 탐구에서는 리미널공간과 유사한 스타일로 Acidwave, After Hours, Dark Paradise, Dreamy, Glitch, Hydrogen, Surrealism, Traumacore, Urbancore, Vaporwave, Weirdcore를 지목한다. 위 스타일은 한 편으로 비논리적이고 환각적, 환상적인 신기루의 느낌을 동반하는데 (Acidwave, Dreamy, Hydrogen, Surrealism, Vaporwave) 다른

한 편으로는 어두운 시간의 도시(After Hours, Dark Paradise, Urbancore)와 트라우마, 향수 같은 과거에 대한 감정과 묶이기도 한다(Traumacore, Weirdcore).

리미널공간은 단순히 땅거미가 진 후 도시공간의 이미지만으로 어떤 문턱을 만들어낼까? 주로 레딧에서 순환하는 리미널공간은 어두운 밤의 빈 거대한 공간을 다룬다. After Hours, Dark Paradise의 고요와 편안함과 달리 리미널공간은 불쾌감을 준다. 소프트웨어적으로 Vaporwave, Acidwave, Glitch의 시각적 양식을 적용해 특정 시간의 광량을 만들어내는 것만으로 문턱됨은 성립하지 않는다는 것이다.

어스름으로 충분하지 않다면 무엇이 리미널공간의 충분조건일까? 주목해야 할 부분은 인간 활동의 부재이다. 주로 리미널공간으로 지목되는 어두운 쇼핑몰, 식당, 엘리베이터가 평소처럼 기능하기 위해서는 인간의 움직임과 소음, 빛 같은 생활감과 인적이 필요하다. 쇼핑몰, 식당, 공항 같은 환승 공간은 마르크 오제의 비장소론[14]을 떠올리게 하는데, 이 장소의 주요한 특징은 끊임 없는 사람들의 스쳐감 그리고 익명화된 개인이 되어 받는 서비스이다. 비장소의 두 특징은 사이공간인 리미널공간의 으스스함을 이해하는 데에 도움이 된다. 평소처럼 위 환승공간에서 군중의 일부가 되고 서비스를 받기 위해서는 스쳐 가는 사람과 위 장소의 서비스 노동자 양측의 실천이 공간을 매개로 순환해야 한다. 주로 어두컴컴한 밤에 찍힌 리미널공간의 이미지는 직원도 퇴근하고 스쳐가는 사람도 없는 공간이 본래 작동하도록 설계된 맥락에서 작동하기 위해서 낮 동안의 집합적인 유지보수 활동의 순환이 필요함을 알려준다. 무엇보다도 판데믹 상황과 함께 레딧에서 리미널공간에 대한 관심도 커졌다는 보고는 일상의 토대가 되던 친숙한 공간이 락다운과 함께 버려지고 낯선 공간이 되어버린 미국의 상황과 같은 궤에 있겠다.[15]

그렇다면, 어떤 공간이 제공하던 의미와 기능, 세계성이 단순히 공간 자체의 특성이 아니라 인간 활동의 결과라면, 인간 없는 공간의 쎄함은 어떻게 발생하는 것일까? 리미널공간의 이미지가 주는 불안 중 하나는 공간의 새로운 행위능력에 있다. 인간 활동의 순환에서 공간은 길들여져 있고 언제까지나 같은 서비스와 분위기를 제공할 것처럼 보인다. 포스트아포칼립스 배경의 창작물에서 쇼핑몰 선반을 헤집고 다니는 주인공을 떠올려보자. 여기서 유지보수 인력 없는 건축물과 인공환경, 인테리어는 일종의 해방과 기쁨으로 나타난다. 하지만 새로운 가능성은 동시에 위험과 불안이기도 하다. 다시 포스트아포칼립스 무대로 돌아가본다면 방심한 틈을 타 주인공 일행을 덮치는 돌연변이나 약탈자, 바이러스를 생각하는 것도 어렵지 않다. 일상의 규범이 작동하지 않는 공간은 방문자에게 호의적이지만은 않다. 오히려 공간은 이전과 같은 방식으로 방문자를 환대하지 않으며, 이전과 같은 방식의 관계를 맺는 것도 허용하지 않는다. 이 공간은 더 이상 우리에게 익숙하던 객체가 아니며 거꾸로 우리를 응시하고 새로운 관계 속으로 던져버린다.

▫▪▫ 리미널공간다발과 회고

그렇다면 트라우마와 향수는 어떤 방식으로 리미널공간과 관계할까? 리미널공간과 감응하는 주목할 만한 경향 중 하나는 회고이다. 리미널공간의 이미지는 관계가 소거된 상황을 포착하고 있는 데서 관찰자 스스로의 경험과 기억을 동원하게 한다. '왜 이렇게 으스스하지? 이 공간은 어떤 공간이었지?' 익숙한 공간의 낯선 정조와 함께 리미널공간은 관찰자에 따라 상이한 실체가 된다.

예컨대 레딧의 어떤 반응 계열이 팬데믹 이전 시간에 대한 향수로 나타나는 반면 틱톡의 반응은 90년대와 2000년대의 VHS 질감 비디오 푸티지와 유년기 놀이터, 학교 공간 따위를 동원해 리미널공간을 순환시킨다. 레트로게임 플레이어에게 리미널공간은 플레이스테이션1 시절의 로우폴리곤 레트로호러게임이나 RPG게임의 공간 혹은 유지보수되지 않은 다중접속온라인 게임 서버의 황량한 풍경과 저해상도 텍스처의 모습으로 순환한다. 혹은 Weirdcore 스타일에서 참조되는 것처럼 2000년대 초기 인터넷 문화의 아마추어적 합성물과 웹 인터페이스가 다시 순환하기도 한다.

위에서 볼 수 있는 것처럼 관찰자는 리미널공간의 결핍에서 생기는 으스스함에 대해 각기 다른 처방을 내린다. 위 회고적 결합은 각기 다른 세계에서 경험한 공간이 소위 원초의 설계의도에 따라 정해진 사용자에게서 버려진 모습을 각기 다른 질료와 함께 마주한다. 그럼에도 불구하고 공통적으로 회고적 감응에서 공간은 과거에 속해서 돌아갈 수 없고 다시 경험할 수 없지만 분리된 관계 때문에 다시 다른 관계를 맺을 수 있을 것만 같은 상실감으로 나타난다. 으스스함 다음에 오는 어떤 슬픔은 위와 같은 회고적 태도와 함께 한다.

▫▪▫ 맺으며

북미 리미널공간 문화는 몇몇 논자들이 얘기하는 것처럼 북미

소비문화 공간 이미지들이 주로 제시되고 있지만 나도 어느 정도는 공감할 수 있다. 위 공감 가능성은 아마도 전지구적 매체지리적 공급망이 형성한 문화적 향수와 초국적 기업이 생산하는 비장소의 일반화된 경험을 공통분모로 삼는 것 같다.

위 가설을 따른다면 구체적인 사회지리적 공간의 리미널한 이미지에 감응하기 위한 조건은 특정한 인공환경에 관한 경험과 기억이며 오늘날 이 공통의 토대를 만드는 것은 전지구적인 기업활동과 소비문화이다. 미디어 하부구조와 비장소의 확산이 공간에 감응하는 공통의 감수성을 순환시킨다.

리미널공간의 이미지가 동시대에 유행 중인 Vaporwave, Acidwave, Glitch 같은 회고적 스타일과 향수, 트라우마와 결합하는 양태로 수렴하는 경향은 리미널공간이 가진 문턱됨의 역능을 심리적 퇴행으로 수렴시킨다. 하지만 문턱됨이란 무언가 새롭게 시작되고 있다는 감각이다. 한 세계의 공간과 시간이 끝나고 다른 세계의 공간과 시간이 시작되는 감각을 동반하는 것이다. 그 때문에 리미널공간은 알 수 없는 새로운 가능성에 대한 불안과 동시에 호기심을 불러일으킨다. 우리가 불안의 방어가 아니라 새 가능성을 향해 적극적으로 나아갈 수도 있을까?

만약 우리가 가능성으로 나아갈 수 있다면, 어쩌면 우리는 거꾸로 이 불안과 호기심의 회로로부터 통해 판데믹과 지구가열, 불평등 같은 공통의 문제에 대해 감응할 수 있는 어떤 소통규약을 발명할 수도 있지 않을까? 이 경우 리미널공간에 대한 처방은 회고가 아닌 다른 벡터로도 나타날 수 있을 것이다. 예컨대 누군가에게 리미널공간은 사회구조가 붕괴해 새로운 질서가 창발할 수 있는 기회의 공간일 것이고 다른 누군가에게는 도시 재생이나 범죄를 작당모의 할 수 있는 공간일 것이다. 리미널공간은 여러 관찰자가 나름의 상상을 통해서 꿰매지 않으면 안 되는 으스스한 틈을 벌리면서 관찰자의 세계에 나타나고 사라지는 것이다.

리미널공간에 대한 관심은 아직 북미에 머물러 있는 것처럼 보인다. 적어도 나는 GS25, CU, 스타벅스, 버거킹, CGV, 이마트24, 베스킨라빈스, 파리바게트 등으로 이어지는 어떤 상업지구가 공동화된 풍경을 상상할 수 없다. 그것이 원인이 락다운을 경험한 적 없는 K-방역의 성과인지 세계의 다른 차이에서 온 효과인지에 대해서는 면밀한 조사가 필요하겠다.

그럼에도 불구하고 우리 세계 너머의 세계에서 온 쎄하고 으스스한 감각을 거듭 접하고 익숙해지면서 우리는 우리가 속한 공간에서 으스스함을 발견하고 어떤 상황에 새로운 삶을 위해 움직여야 하는가 느낄 수 있는 감각을 조금이나마 훈련시킬 수 있을 것이다. 우리가 지금과 다른 방식으로 살고자 할 때 다른 세계가 시작되는 구체적인 공간이 리미널공간이라면 말이다.

우리도 건설한다?

이승빈

이 글은 초기 요리스 이벤스(Joris Ivens)가 네덜란드 건설노조연맹의 의뢰를 받아 제작한 다큐멘터리 영화 <우리는 건설한다(Wij bouwen)>(1930)로부터의 단상에서 출발했다. 영화사 서술의 주류 계보에서 이 영화는 요리스 이벤스가 본격적으로 '직업으로서의' 영화감독을 시작하게 된 기점으로 중요하게 평가받고 회고되는 듯하다. 하지만 이 글은 <우리는 건설한다>의 비평이나 설명, 작품 분석이 아니며, 그보다는 이 작품을 다른 맥락과 관계 짓기 위한 재조합의 작업을 지향한다. 따라서 여기서 작가·작품·시퀀스 등에 대한 본격적인 분석은 시도되지는 않을 것이다—다만 이벤스의 다른 작품이나 기존의 분석을 없는 셈으로 치부하기보다는 일정하게 경유한다—. 이 글의 다른 출발점은 발전국가 시기의 대한민국 정부가 제작한 뉴스영화 <대한뉴스>의 세그먼트 '건설의 메아리'의 일편인 <대한뉴스: 제668호 건설의 메아리>(1968)의 후반 시퀀스이다. 이하 지칭할 <건설의 메아리>라는 이름은 박정희 정권 중간 <대한뉴스>의 토건보도에 반복하여 사용된 코너-세그먼트 격의 제목이나, 그 사실이 이 글이 말하고자 하는 바를 크게 벗어나지는 않는다. 이 글은 <대한뉴스> 668호의 세그먼트를 중요한 소재로 말하는 동시에 다른 호에서의 코너의 대체적 경향 역시 포괄하고자 한다.[16]

이벤스가 다큐멘터리 영화사와 국제적 좌파의 영상운동과 관련하여 꾸준히 거론되는 이른바 '빅 네임(BIG name)'이었다면, <대한뉴스>는 국내 도시·지역(사)와 미디어(사) 연구의 단골 소재였다. 그러나 가깝고도 먼 각각의 가두리에서 요리스 이벤스의 작품과 <대한뉴스>는 흔히 함께 다뤄지지 못했다. 이들은 프로파간다 필름의 설명적 재현양식을 논할 때 흔히 제시되지만, 이들을 함께 거론하는 작업은 드물다. 그렇다고 전무한 것은 아니다. 예컨대 허은광은 <대한뉴스>의 인천 지역 재현 성격을 비판적으로 고찰하기 위한 논의의 전제 단계에서 이벤스의 대표작 <스페인의 대지(The Spanish Earth)>(1937)를 예시한다.[17] <우리는 건설한다>는 협의의 텍스트를 설명에 활용한 무성영화이고, <건설의 메아리>는 <대한뉴스>의 일편(내지는 일부 시기의 세그먼트)에 불과하나, 두 작품을 모두 설명적 양식으로 묶어 제시하는 것까지는 무리가 없어 보인다.

물론 <대한뉴스>의 레퍼런스는 (간접적 참조가 있었을 수는 있었겠지만) 요리스 이벤스가 아니었을 것이다. 두 작품군은 분명하게 상반되고 상충한다. 그런 점에서 기존의 작업들이 설명적 양식을 채택한 수많은 작품 가운데 이들을 함께 특정하지 않은 것에 대해 유감을 가질 필요는 없다. 실은 나 역시 이 글에 앞선 몇몇 작업을 통해 (이벤스에 대한 언급 없이) <대한뉴스>를 참고자료로, 특히 2021년 발표한 한 논문에서는 <건설의 메아리>의 한 편을 중심 사례의 소스로 다룬 적 있다.[18] 해당 논문에서는 <건설의 메아리>를 1960년대 한국 - 서울에서 '혁명'을 명분으로 이루어진 권력층 내부 모더니스트 주체(들)의 경합을 다루기 위한 자료로써 (재)활용하고자 했고, 이를 위해 화면 정지를 통해 포착되는 한 조감도("서울驛周邊 近代化計劃 鳥瞰圖")의 시점에 정박해 분석을 수행했다. 개발구상에 대한 조감적 시야는 (그 자체로는 <건설의 메아리>의 일부에 해당하지만) 공화국의 최고 권력자가 조망자로서 등장할 뿐만 아니라, 최고 권력자를 대변하는 내레이션을 중요한 요소로 하는 <대한뉴스>의 전형적 구성을 통해 <건설의 메아리>의 가장 중요한 시선이 된다. 그런데 개별 건조물이나 도시세부구역의 스케일의 구상 과정을 중점화하는 <건설의 메아리>가 조감적 시야를 가장 중요한 위치에 배치하고 있는 것과 달리, 아이러니하게도 보다 거대한 스케일의 공간환경에 대한 개입의 실현 과정을 다룬—국가적 간척사업을 통한 '국토' '만들기' 과정을 주목한—<우리는 건설한다>의 후반 막들에서 조감의 시선은 엄격하게 스스로가 보조적 자료임을 선언하며, (꽤나 강렬한 이미지에도 불구하고) 영화의 주요 시퀀스들에 개입·침투하지 않는다. 이와 같은 카메라의 상이한 시선 외에도, 영상의 제작(발주)처, 약 40년의 시차, 상이한 지정학·지리학적 맥락—특히 1920·30년대 유럽 좌파의 초기 소비에트에 대한 희망 대 냉전시기 동아시아 준주변부 국가의 반공주의 기치—등 다양한 차이를 고려할 때, 설명적 양식의 활용만을 이유로 두 작품을 하나의 계보에 배치할 필요는 없다.

하지만 여러 상반과 상충에도 불구하고, 이들이 좌/우 양극의 서로를 적대하는 이데올로기를 대변하는 방식은 역설적이지만 (설명적 양식 자체를 넘어서) 분명하게 닮아있다. 결코 서로에게 동의하지 않았을 양자는, 그럼에도 불구하고 서로에 대한 일정한 친연성을 갖고 있기 때문이다. 이때의 친연성은 우선 이들이 우리가 흔히 보아온 전형적 영화-영상의 언어와는 다른 언어로 만들어졌다는 점에서 구성된다. 이들은 영화감독이자 연구활동가인 피터 왓킨스(Peter Watkins)가 지적한 MAVM(Mass AudioVisual Media)의 모노폼(monoform) 양식—왓킨스와 동료들은 MAVM의 프레임으로서의 모노폼을 여느 영화, 영상의 서로 다른 요소들 위에 서로 고정된 시공간 틀이라 규정한다—에서 이탈해있다.[19] 사실 잘 알려진 것처럼 이벤스는 왓킨스가 MAVM의 적대자들로 직접 예시한[20] 크리스 마커(Chris Marker), 아네스 바르다(Agnès Varda) 등에게 영향을 남겼을 뿐만 아니라 필모그래피 후반부에는 집단작업 <머나먼 베트남(Loin Du Vietnam)>(1967) 등 직접적 교류관계에 있었다. 자칭 "혁명"을 집권 정당화의 수사로 내걸었던 시공간의 <대한뉴스> 역시 상신보고-대중전파로 이중 가동되어야 하는 당시 정권의 선전 영상물의 성격으로 인해 MAVM의 전형성을 비켜나 보이기도 한다.

그런데 이벤스의 필모그래피와 <대한뉴스>의 목록들 중에서도 개별 영상작품인 <우리는 건설한다>와 <건설의 메아리>에서는 공통적으로 보다 두드러진 '비켜남'이 포착된다. 비켜남의 방식은 특히 이들의 '건설'이라는 주제와 관련되어 있다. 상업영화와 TV 프로그램은 물론, 다큐멘터리 영화들에서조차 반복적으로 구현된 MAVM의 모노폼은 건조환경을 중점적 소재로 다룰 때조차 그 완공된 건조물의 (비)장소적 속성을, 그리고 창조적 예술가 계층의 건축사를 중점화한다. 즉, 일반적인 영상문화에서 그 구체적 구현의 과정으로서의 토건은 존재하지 않는다. MAVM의 속도성은 그 토건의 과정을 지루하거나 지난하다고 여기고, 이를 덜어내거나 제거하기 때문이다(MAVM의 영화문법으로서의 표준 형식화된 모노폼은 영상과 사운드의 '퍼붓기'와 빠른 편집을 통해—주제의 중요성과 무관하게—주제와 테마 간의 본질적 차이를 흐리는 것이다). 반면 <우리는 건설한다>와 <건설의 메아리>는 토건 그 자체를 (단지 테마로 제한하기보다도) 가장 중요한 주제로서 주목한다. 이들에게 있어 토건은 무엇보다도 역동적이고, 사회-공간의 '숭고한' 변화를 드러낼 수 있는 가장 강력한 제재였기 때문이다. 이들은 동적 이미지가 토건을 표현하는 강력한 언어가 될 수 있음을 자각하고 있었다.

출처: <대한뉴스: 제668호 "건설의 메아리">(국립영화제작소, 1968)

1960년대 말 <대한뉴스>의 선전 경향에서 <건설의 메아리>는 결코 예외적·돌출적인 작업이 아니었다. 1960년대의 제3공화국은 건설-토건의 숭고함을 '혁명'을 자처한 쿠데타로 수립된 정권의 정치적 정당성 확보를 위한 수단으로 활용하였다. <건설의 메아리>를 비롯한, 토건 현장을 특히 중점화했던 <대한뉴스>의 숭고 미학적 작업들이 제작·상영된 시기가 박정희 정권의 하위 스케일 공간 생산 과정의 대리인 격이던 김현옥이 서울시장으로, 김수근이 한국종합기술개발공사(KECC) 사장으로 재임하던 시기와 겹쳐지는 것은 이를 예증하는 다른 측면이기도 하다.

그런데 이들의 실각과 겹쳐지는—여기에는 적잖은 '필연

적 우연'(와우아파트 붕괴 참사 등)도 개입하였지만—시기부터 <대한뉴스>가 숭고함을 찾는 '현장'은 토건이 아닌 산업의 현장으로 점차 변경된다. 물론 그 이후에도 한국의 사회-공간에서 토건의 경제는 여전히 중요했으며, 이는 <대한뉴스>의 재현에 있어서도 예외는 아니었다. 다만 1970년대 중후반 이후 <대한뉴스>는 토건 현장에 대해서도 대개 이념보다는 '생활(편의)'을 내세운다(예컨대 사실상 동일한 도시세부구역의 토건 문제를 다룬 1968년도 제668호와 1975년도의 제1049호의 건설 재현을 비교해본다면 그 차이는 극명하게 보인다). 이는 <대한뉴스>가 반공 보수주의를 강화 전파하기 위해 활용한 전략의 변화와 맞물려 있는 것이기도 했다. 주요한 방법으로서의 산업적 숭고가 건축적·토건적 숭고를 대체한 것이다. 물론 우리가 알다시피 그 이후에도 보수주의의 선전 방식은 계속 변화했다. 이를테면 1980·90년대 한국의 세계 자본 시장에의 진입은 한국 내부의 사회-공간에도 강력한 영향을 미쳤고, 같은 시기 제2세계의 몰락이 맞물리며 숭고함은 이제 보수주의가 자신을 스스로 강화하기 위한 주요 전략에서 이탈했으며, 근대 한국의 반공-보수주의적 선전영화였던 <대한뉴스> 역시 1994년 12월 추가 제작을 중지하며 종결된다.

이와 같은 변화 과정은 공간에 대한 이미지-영상 문화전략에 있어서도 일정한 차이를 가져왔다. 공간의 차원에서 보수주의를 강화하기 위해 영상 언어가 구태여 MAVM의 모노폼을 이탈할 필요가 없게 된 것이다. (산업화가 일정수준 이상 진행된 사회-공간에서) 공간에 대한 카메라의—그리고 인간 신체의 시각, 지도 매핑, 디지털 시각화 등을 포함한 거의 모든—시선이 완공된 건조물이나 예술가로서의 건축가만을 향할 때, 건조환경 이미지는 매끈한 세계와 예외로서의 창의적 작업이라는 보수주의적 세계관을 증폭 전파하는 장치가 될 수 있다. 그렇기에 보수주의 세계관의 강화를 위한 작업으로서 건설의 본격적인 재현은 불필요해졌다. 더욱이 앞선 시기의 노력을 통해 건설은 자본주의의 토건 경제 내부에 착실하게 붙게 되었고, 건설현장의 가림막은 ('생활편의'상의 분명한 효용과 함께) 눈과 카메라 등의 시선의 진입을 허용하지 않는 시각적 장치로서 매끈하고 완성된 세계의 상을 강화하는 데에 기여하게 되었다.

MAVM-모노폼(혹은 유사한 영상물과 이미지 언어에 대해 온갖 종류로 명명되는 개념)에 대해 가장 많이 제기되는—그리고 가장 교과서적이기도 한—지적 가운데 하나는 영상에 (PPL을 당연하게 포함하는, 그러나 보다 다양한 방식으로) 수많은 상품이 등장하지만, 그 상품들의 생산과정과 노동현장은 소거된다는 것이다. 이를 극복하기 위해 MAVM에 대항하는 (주로 좌파적 색채의) 대안적 작품들은 대부분 상품의 중요한 구성 심급으로 노동의 변수를 포함하고자 시도했으며, 이는 꽤나 성공적이기도 했다. 그러나 이들조차도 대개 공간을 상품으로 생산하는 가장 중요하고 필수 불가결한 단계인 건설-토건을 변수로 바라보지 않았다. 물론 이는 어쩌면 토건과 건설의 문제를 보수주의의 세계 구성방식으로 바라보았기에 이루어진 의도적 배제일 수도 있다. 하지만 이는 공간적 전회에 있어 상당한 레퍼런스가 되었던 이미지-영상 문화에서 다시 펼쳐진 공간적 전회에 관한 역행의 경향이기도 했다. 제1공간의 건조 과정에 대한 이미지-영상 문화의 의도적 배제는 생산(물/과정)으로서의 공간을 다시 고정되고 죽은 것, 사회 정치적으로 효과 없는 배경이나 무대장치로만 전락시킬 수 있기 때문이다.[21] 그렇다면 이와 같은 거부는 도리어 토건의 정치를 (숭고함을 내버린 상품화 경향의) 보수주의가 계속적으로 전용하도록 내버려 두는 방치가 될 수 있는 위험을 갖는다. 이를 극복하기 위해, 즉 이미지-영상의 문화에서 토건의 정치에 대한 (보수주의의 전용으로부터의) 재탈환을 위해서는 단지 재현의 거부가 아닌 다른 방법(론)의 구상과 보강이 필요하다.

<우리는 건설한다>와 같은 초기 요리스 이벤스(를 위시한 일련의 사조)로부터의 일정한 계보 잇기는 그 방법의 하나가 될 수 있을까? 이를 답하기 위해 이 개별영화가 토건의 정치를 어떻게 재현했는지의 구체적 사항을 이곳에 구태여 열화하여 제시할 필요는 없을 것이다. 그럼에도 불구하고 강조되어야 할 것은, 계보 잇기의 작업이 '우리'가 선제적으로 보수주의자들에게 양도해버렸던 공간 생산 과정의 토건 문제에 대해 주목할 수 있는 시점과 형식을 되찾는 방식이 되어야 한다는 점이다. 이는 다시 말해 MAVM에 대한 대항과 보수주의에 대한 대항이 이전의 형식을 (그 구성적 시체의 일부분을 취사하여) 부활시키는 작업을 통해 다시 접합될 수 있으며, 또한 (접합 그 자체의 문화정치적 개념화와 같이[22]) 인위적 작업이 되어야 한다는 것이다.

MAVM과 보수주의에 적대하고자 하는 카메라는 (분명히 다뤄져야 할, 그리고 지금 이 순간에도 다루고 있을) 철거의 현장뿐만 아니라, 공사 가림막 뒤의 건설 현장에 향할 필요가 있다. 이는 다양한 방식과 의미의 작업이 될 수 있겠지만, 여기서 강조하고 싶은 것은 이와 같은 시선이 발주자나 설계자의 차원 중심의 편중성을 극복하고, 노동계급의 집단적 공간 생산 행위로서 건설을 사유할 수 있도록 만든다는 (비교적 당연하지만 외

면되어온) 지점이다. 이때의 시선은 공간의 물질적 생산 과정이 보수주의가 (집단의 다른 성원들에게, 하지만 동일한 구도로) 상정해온 사회-공간의 '두뇌'로서의 엘리트 권력자와 건축가들의 '발상'에 의한 것만이 아니라—<우리는 건설한다>는 건축가-박사의 이름을 언급하지만, 발주자를 공식화하지는 않으며, 노동조합과 노동자들에게 대부분의 시간을 할애한다—노동(노동자, 노동계급, 노동현장)의 육체적 개입—육체의 연장·확장으로서 건설 장비·기계 숙련노동의 미디어성을 포함하는—과정에 의해 이루어졌음을 인위적으로 드러내는 효과를 갖는다. (<건설의 메아리>와 대비되는 <우리는 건설한다>의 시선과 스케일의 측면은 이 글의 앞 부분의 내용을 상기해주길 바란다.)

거친 예시로서, MAVM의 전형적 문법이 지루함과 한정적 시간을 핑계로 새로운 프로파간다 양식에 있어 포기했던, 그렇기에 영상-이미지 문화의 외곽지대(이를테면 대중 수용자의 알고리즘과 접하지 않는, 낮은 조회수의 유튜브 영상)와 변경지대(이를테면 안전·감독의 공식적 목적을 위해 세워진 공사현장의 CCTV 영상)에 팽개쳐져 있는 영상들을 전유·재활용할 수 있도록 그 푸티지들을 고려하고 삽입하는 방식을 상상해볼 수 있을 것이다. 이를 통해 지금의 '우리'는 공간(건조환경들로 구성된 우리의 실제적 사회-공간)의 생산에 전제되는 건설이 (그 어떤 노동만큼이나, 혹은 그 이상으로) 집합적 노동 행위임을, 그렇기에 공간의 인위적·물질적 구축 과정인 토건이 (건조환경의 연쇄로서의 성격을 갖기도 하는) 사회-공간을 변혁하는 집합적 힘을 축적하는 정치적 과정임을 '다시' 드러낼 수 있을 것이다. 물론 해당 예시는 하나의 제한적인 방책일 뿐일 수 있다. 그럼에도 이를 통해 이 글이 중요하게 강조하고자 하는 것은 <우리는 건설한다

>로부터의 계보 잇기의 우선적 과제가 집합적 노동의 개입 과정으로서의 토건과 그 (중간) 결과물로서의 건조-이미지 환경을 재사유함으로써, 세계의 매끈함을 자연화하는 경향에서 탈피하고, 이를 매끄럽게 보이도록 만드는 환경이 무엇인지 되묻는—그럼으로써 적소를 타격할 수 있도록 하는—것이라는 점이다.

다만 유사한 방향의 대안적 영상 작품들이 분명히 존재했다는 점을 부정해서는 곤란하다—역사적 건축사와 이름 있는 건축가를 중점화한 여러 작품을 반드시 예시하지 않더라도—. 이를테면 (MAVM의 또 다른 적대자일) 하룬 파로키(Harun Farocki)의 작품군, 예컨대 토건 현장의 일부라고 할 수 있는 벽돌 제작의 국제적 노동 환경을 비교한 2채널 비디오 <어떤 비교(En Comparacion)>(2009)는 분명하게 그 훌륭한 예시가 될 수 있는 작품이었다. <어떤 비교>는 <우리는 건설한다>가 시대적 조건에서 간과했던 일정한 한계(가령 <우리는 건설한다>가 수입산 벽돌을 언급할 때 보여진 '애국주의'적 태도)를 분명하게 넘어선 작품이기도 하다. 그러나 <어떤 비교>를 비롯한 파로키의 해당 작품군의 실제 상영이 이루어진 것은 대개 화이트큐브 내부의 다채널의 루프 영상을 통해서였으며, 그것을 바라본 것은 MAVM과 다른—즉 '지루하다'고 흔히 여겨지는—영상들을 다른 템포와 시선으로 볼 용의를 사전에 갖추고 들어온 화이트큐브의 전형적인 수용자들, 특히 특정한 형태의 교양을 갖춘 중산층 수용자들이었다(최소한 국내-국립현대미술관에서의 수용 맥락에서만큼은). 물론 이것은 결코 파로키의 용의는 아니었을 테지만, 그가 이른바 화이트큐브를 자기 상영의 무대로 선택한 이상 그의 작품의 불가결한 조건이기는 했을 듯하다. 그렇다면 이와 같은 상영·수용의 맥락과 조건을 다시 앞선 시기의 <우

리는 건설한다>와 빗대어 볼 필요가 있을 것이다.

<우리는 건설한다>는 그것의 미학적 시도에도 불구하고 분명 1920·30년대의 조합원 수만 명 규모의 산별 노동조직이던 네덜란드 건설노조연맹의 의뢰를 제작 조건으로 했으며, 그 맥락을 작품 자체의 중요한 특징으로 했다. 건설 노동자들의 조직화와 조직의 견고화라는 분명한 목적성은 <우리는 건설한다>의 가장 중요한 지향이 되었으며, 카메라의 시선은 그 지향을 달성하기 위해 주류 양식과는 다른 방식으로 구성되었다. 또한 그렇기 때문에 <우리는 건설한다>는 건설 현장에 대한 대안적 카메라의 시선으로 노조 구성원과 잠재적 노조 구성원이라는 건설 노동자-수용자에게 직접 가닿을 수 있기도 했다. 그렇다면 지금의 '우리'가 <우리를 건설한다>를 통해 이어야 할 것은 화이트큐브의 한정적 조건으로부터의 탈피—그것을 위한 방안—의 모색일 수 있다. 이를 위해서는 최소 지난 수십 년간 단절되고 분리되어 온 조직적 노동 운동과 급진적 영상 예술 간 네트워크의 긴밀성을 강화할 필요가 있으며, 그 방법에 대해 숙고해볼 필요가 있겠다. 이를테면 나는 오늘날 한국 로컬에서 다른 방식으로 이루어질 수 있을 <언더그라운드>(김정근, 2019)와 <깃발, 창공, 파티>(장윤미, 2019)의 건설 현장의 판본을 상상해본다. 또한 조직화된 운동을 매개로, 그 지향을 달성하기 위한 카메라의 시선을 모색하는 작품의 제작과 상영과 수용의 (재)구성을—건설 현장에 대한 반 MAVM의 영상이 건설 현장에 가닿을 수 있는 조건의 구축을—기대한다.

출처: <다큐3일: 제353회 “우리가 세운 현장-세종시 건설 현장”(ⓒKBS, 2014)

하지만 이 글의 목적은 결코 <우리는 건설한다>(그리고 <건설의 메아리>)의 완전한 복권을 기도하려는 것이 아니다. 또한 그렇게 되어서는 곤란하다. 나는 앞서 <대한뉴스>-<건설의 메아리>의 직접적 레퍼런스로 요리스 이벤스-<우리는 건설한다>가 활용되지 않았으리라 짐작했다. 그러나 <대한뉴스>-<건설의 메아리>와 <우리는 건설한다> 사이에 분명히 존재하는 친연성은 사실 이들 간의 간접적이고 암묵적인 계보상의 연관관계가 전면화된 것일 수 있다. 그것이 전혀 다른 지리적, 시대적, 좌우 이념적 맥락들의 충돌 위에서도 작동한 것은 양자가 일정한 이데올로기적 세계관을 공유하고 있었기 때문이다.

정치인류학자 제임스 C. 스콧(James C. Scott)에 따르면 하이 모더니즘(high modernism)은 과학기술의 정당성을 차용한 이데올로기로서, 특히 공간에 있어서는 서구 합리적 질서를 시각-미학적 견지에서 공간에 적용하는 방식으로 개입하였다.[23] 이는 근대적 ‘국토’로 구성된 사회-공간의 관리자로 스스로를 자리매김한 거대기관(정부'들')의 정치적 이해에 적절히 부합할 수 있는 것이기도 했다. 이에 따라 20세기의 각국 정부들은 기존의 정치적 범주를 뛰어넘어, 좌우의 정치적 스펙트럼을 초월해 하이 모더니즘을 채택했다. 이로써 하이 모더니즘은 스콧이 살핀 20세기 전반기의 미·소 양국에서부터 — 양자로부터 직접 영향을 받았던 당대 서유럽의 국가발주 토건산업과 산별노조는 물론 — 군부 주도의 개발 독재 시기의 20세기 중후반 대한민국에 이르기까지[24] 유사한 '양식'으로 작동하며 사회-공간을 조직했다. 그렇기에 하이 모더니즘의 토건-건설의 실시로부터 숭고의 미학을 찾았던 <우리는 건설한다>와 <건설의 메아리>가 닮아있는 것은 (설령 <건설의 메아리>의 직접적인 레퍼런스가 <우리는 건설한다>가 아니었을지라도) 당연한 귀결일 수 있었다. 하이 모더니즘의 관점은 당대의 토건 노동은 물론 그것의 이미지화에 외삽 — 혹은 그 이전부터 건설과 이미지화에 공통으로 필요하던 기술적 조건을 매개로 내재 — 되었다. 하이 모더니즘의 건설-이미지는 개발과 진보를 정비례의 관계로 보는 것이었다. <우리는 건설한다>와 <건설의 메아리>는 각기 다른 지리적·시대적 맥락 위에서도 이를 공통적으로 보여준다.

그런데 우리는 그 부정적 결과물을 바로 지금 목도하고 있다. 하이 모더니즘의 대규모 공간 구획은 자연환경을 그 (도시) 공간의 외부에 몰아내는 한편, (도시) 내부의 공간들을 위계화하고 공간의 — 또는 공간 매개적인 — 커뮤니케이션을 차단하는 이중의 공간 '문제'를 만들어냈다. 또한 이에 대한 공고화는 (하이 모더니즘의 '이념'이 표면상 종식되었으되, 그것의 형식은 새로운 지배체제와 결부되어 유지되는 오늘날에도) 지속되고 있다. 많은 이들에게 있어 도시의 내·외부 경계 너머는 맹점이 되었다. 도시 외부경계 너머의 환경 파괴와 내부경계 너머의 사회-공간적 불평등의 계속되는 심화는 이를 예증한다. 그렇다면 '우리'가 이뤄내야 할 것은, 하이 모더니즘의 공간관을 내재화했던 이미지 작업들에 대한 계보의 부분적인 단절이기도 할 것이다. 이것은 (현실의 맥락에서 서로 충돌하는 것으로 '여겨지는') 환경의 문제와 지리 위계적 불평등의 문제를 함께 고려하는 것이어야 한다. 이 양자가 통념상 그렇게 '여겨지지는' 않지만 하이 모더니즘을 경유해 서로 중첩된 것이기 때문이다.

이를 의도하는 '우리'의 대안적 카메라-이미지는 먼저 앞선 하이 모더니즘 계보로부터의 단절을 시도하며 위계화와 불평등에 대한 극복을 시도했던 새로운 대안적 토건의 사례들을 이미지화함으로써 정치화하는 것이다—이에 대해 (이들 간에는 분명한 충돌이 존재하지만) 국내에서도 소개되었던 알바루 시자(Álvaro Siza)나 로리 베이커(Laurie Baker)에 대한 예외적 다큐멘터리의 이미지는 비록 건축가 개인을 전면화한 작품임에도 불구하고 참조가 될 수 있을 것이다.[25] 즉, 무조건적 건설-사업 자체에 대한 찬미가 아닌, 반드시 필요한 건설에 대한 이미지의 선별화가 필요하다. 불평등의 해소를 위한 분배로서의 건설에 대한 이미지화 작업이 상술했던 노동 과정으로서의 토건의 영상화와 결부된다면, 그것은 분명 대안적 건조환경 구축의 다층적 구조에 힘을 실어줄 수 있는 영상환경-이미지환경이 될 수 있으리라. 따라서 토건 일반에 대한 무조건적 찬양이 아닌 대안적 토건을 가치화하는 정치적 카메라의 이미지 생산이 필요하다—그리고 그것은 곧 공간 생산[26] 이기도 할 것이다.

이에 더해 '우리'의 건설 이미지/이미지 건설은, 환경이 고려

대상이 되지 못하던 이전 시기의 사회적 맥락에 깔린 일종의 맹목을 끊어내는 것이기도 해야 한다. 다시 말해, 개발과 진보에 대한—앞서 우리가 살핀 <우리는 건설한다>와 <건설의 메아리>의 공통영역이기도 했던—동일시 내지 정비례의 도식을 끊어내는 방법의 마련이 필요하다. 지금의 '우리'는 앞선 '우리'로부터 계보를 이으면서도, 앞선 시기의 '우리'가 개발 독재의 권력과 공유하던, 즉 20세기 토건의 정치에 공통적으로 내재하여 있던 하이 모더니즘의 이데올로기를 분명하게 직시할 필요가 있다. 그리고 그로부터의 일정한 계보 끊어내기와 새로운 대안의 모색은 동시에 수행될 필요가 있다.

□■□

건설은 환경에 대한 공간적 개입이다. 그렇다면 지금 여기 '우리'의 환경(건조환경과 이미지환경, 즉 공간환경) 건설은 앞선 계보로부터 무엇을 잇고, 무엇을 단절할지의 정치적 문제이다.

영상 이미지는 어제의 건설의 성과들과 오늘날의 건설의 과정을 '우리'의 것으로 전유하는 데에 기여하는 장치가 될 수 있(었)다. 이에 더해 '우리'는 영상 이미지가—건설의 기존 경로를 수정하고, 이전의 경로로 인해 발생했던/발생하고 있는 문제를 극복할 수 있도록 재구성하기 위한—유도 장치가 되도록, 새롭게 조직하고 조작해야 한다.

2부 순환

물과 변으로 상상력을 수혈하기

김영대

▫▪▫ 물과 변의 블랙박스

화장실 문을 열고 변기에 앉으면 우린 자연스럽게 변을 누고 일어나서 물도 내리고 손을 닦는데 그렇게 잠시 고개를 돌리고 나면 방금 변을 봤는지도 모르게 변은 어디론가 사라진다. 우리가 눈 변은 변기 속으로 들어가고 아마도 이 세상에서 사라지는 것은 아닐 것인데 여전히 우리는 이 변이 어디로 가는지도 모르는 채 변을 눈다. 어쩌면 우리는 아주 멀끔한 흰 도자기 변기에 담긴 그 변이 어떤 아주 합법적이고 합리적이고 과학적이거나 행복한 어떤 방식으로 사라지기를 바라고 있는지도 모른다.

우리는 적어도 일주일에 한 번은 변을 누고 많이 누면 하루에 두 번씩도 누는데 정화조는 일 년에 한두 번 치운다. 변이 지하에 1년간 쌓이기만 한다면 건물마다 지하에는 아주 많은 변이 정화조에 수북이 쌓이고 그 변을 치우려면 아주 힘들 것이다. 그러므로 이런 일은 사람 몸으로 할 일이라곤 생각할 수 없고 보통은 분뇨흡입차가 와서 변을 빨아가고 아니면 지하의 펌프가 정화조에 담긴 똥을 하수관으로 밀어내는 것이다.

그럼 분뇨흡입차와 펌프는 다시 서울의 변을 어디로 보낼까. 변은 서울 시내와 고양시에 있는 물재생센터로 간다. 물재생센터는 플랜트 설비이고 플랜트는 공장처럼 변을 공정으로 다룬다. 거기서 변은 몇몇 공정을 거쳐 다시 세상에 내보내도 되는 무언가가 된다. 도시에 하수관거, 물 펌프, 밸브, 대규모 하수처리 플랜트가 없다면 이런 말끔한 배설도 없다. 이렇게 보면 하수도는 정말 공업시대에나 있을 법한 기술이지만, 우리는 당연히 공업시대 전에도 변을 봐왔다.

푸세식 변소를 쓰는 세계에서는 변이 변소에 가득 있으면 그 집식구나 인부들이 변을 떠다가 구덩이에 묻거나 물에다가 버리거나 한다. 대부분 변은 농경사회의 아주 중요한 자원이기 때문에 우마차나 지게로 옮겨져서 밭에 거름이 되었다. 그러다 보면 변소 주변에 있는 개천이나 우물에 변이 녹아 들어가기도 하고 변에 있던 대장균이나 찌꺼기가 물에 섞이기도 한다. 그리고 그런 물이 다시 생활용수의 일부가 된다. 에탄올 손세정제와 HACCP의 시대를 사는 사람에겐 꽤 지저분한 이야기다.

요즘 같은 시대에는 변은 하수관을 타고 보이지도 않고 냄새도 없이 안전하게 이동해서 물은 아주 깨끗할 것만 같다. 왜냐하면 우리는 보통 변기 너머를 볼 수가 없기 때문이다. 물을 내리면 변은 그냥 사라져 있다. 화장실 밖으로, 건물 밖으로 나가서 강변에 가면 물고기나 새가 꽤 많이 살고 사람들이 주변에 돗자리를 깔고 앉거나 자전거를 타고 산책을 하는 풍경에서 강이 아주 더럽다고 상상하기는 힘들다. 오히려 그런 경관에서는 상쾌함을 맛보게 된다. 요즘 일상인이 보는 물경관은 생태하천과 변기 같은 극단적인 장면으로 나뉜다. 변기 너머 세계는 인간 너머 세계이기도 하지만 우리에게 알려진 도시 너머 세계이기도 하다.

하지만 눈에 어떤 과정이나 공간이 안 보인다는 데서 아주 깨끗하고 좋은 일만 일어나고 있다고 생각한다면 그것은 소박한 상상이다. 별로 멀지 않은 옛날에 남한에서는 인분을 모아다가 밭에다가 뿌려 채소를 키웠고, 그 채소를 먹은 사람들이 인분에 있던 기생충을 나눠 가졌다. 그리고 다시 밭으로 그 기생충의 후손들을 보내고 다시 밭에서 채소와 기생충을 데려오며 살았다. 서울 시내에 분뇨탱크들이 있어서 인부들이 직접 수거한 변을 모아두었다가 너무 변이 많이 차서 강에다가 변을 풀기도 하는 그런 풍경이 1980년대 중반까지도 계속되었다. 어떤 관점에서 보면 남한 사람들은 변이 밭이나 음식에 있든 강에 있든 아주 친숙하고 친밀하게 변과 같이 생활해왔다. 밭에도 변이 있고 우물가나 강가에도 변이 있고 물론 사람이 누지 않아도 동물들도 모여서 변을 이곳저곳 눈다. 심지어 국회에서도 변을 여러 번 볼 수 있었다.[27 28 29]

아무리 친밀하더라도 변은 더러운 것이어서 생활공간에 변이 너무 많으면 생활이 힘들다. 냄새가 나고 미생물과 바이러스가 활동하면 건강에도 좋지 않고, 기분도 좋지 않다. 모두가 이곳저곳에서 변을 누면 변이 계속 쌓이게 되는 것은 아닐지 생각해보게 되기도 하지만, 다행히 우연한 생태적 조건에서는 변이 아주 많아지지는 않는다. 변은 생태 속에서 순환하는 구성원이기 때문에 비나 바람을 맞아 녹아서 어디로 옮겨가거나 자원으로 사용하는 생물들이 옮기고 먹으면서 사라진다. 어느 지역에서 변이 순환하고 적당한 양만 있으려면 비나 미생물이 변을 치우는 속도보다 변이 늘어나는 속도가 느려야 한다. 달리 말한다면 아주 못살 만하지 않기 위해서 분뇨가 한 지역 생태계의 순환에서 처리 가능한 선을 넘게 만들어지면 곤란하다는 것이다.

사람들이 좁은 곳에 아주 많이 모여서, 예를 들어서 한강 변에 사람이 많이 모여서 똥을 누면 밭에다가 똥을 다 가져다 써도 변이 남아서 불쾌해지고 그 변을 빨리 치우고 싶을 것이다. 그러면 그 변을 어디 모아두거나 빨리 사라지라고 강물에 흘려보내거나 할 수 있다. 하지만 강물 양이나 속도를 고려했을 때 너무 많은 변을 강물에 풀어놓으면 변기가 막혔을 때와 마찬가지로 변이 쉽게 사라지진 않는다. 그리고 서울은 아주 빠르게 인구증가와 도시화를 겪은 도시이다.

그런 의미에서 서울이 변과 싸운 역사는 아주 큰 규모에서 세계를 고치고 바꿔 지으면서 아주 많은 변을 우리 눈이나 코로 느낄 수 없는 공간으로 몰아낸 역사이기도 하다. 그런데 환경에 이미 있는 강이나 지하수, 대기, 미생물, 바위, 동식물, 산이 이루고 있는 흐름을 바꾸어서 사람이 많이 모여서 변을 봐도 괜찮게 만들기는 어려운 일이다. 하수도는 땅속에 인공적으로 묻은 아주 긴 관인데 물과 오물이 안 새도록 정기적으로 보수되고 있는 아주 긴 관이라고 생각해봐도 그렇다. 도시 규모에서 일어난 어마 무시한 공학적 프로젝트의 결과, 우리가 수세식 변기에서 변을 보고 그 사실을 잊을 수 있다. 하물며 변이 어딘가로 움직여야 한다면 변이 움직이는 구간에 있는 마을과 사람들에게도 복잡한 타협이 필요하지 않을까?

이 글에서는 물과 변에 주목해 세계를 다시 짓는 매우 곤란한 과정에 대해, 특히 서울에서 깔끔하게 변을 보기 위해 세계가 어떻게 바뀌었는지 보이려고 한다. 그리고 그 과정에서 만들어진 도시가 어떤 성격을 갖게 되었는지 이야기해보려고 한다. 우리에게 주어진 이 세계는 지질과 공학, 하천, 행정, 마을 공동체

같은 영역들이 뒤죽박죽 섞인 채로 만들어진 결과다. 같은 궤에서 기후재난과 팬데믹이 일상이 된 세계는 우리가 도시를 짓고 일상생활을 하고 경제와 사회를 꾸려온 결과다. 과거의 이야기에서 우리가 세계를 짓고 사는 데서 무언가를 상상할 수도 있다면 이 이야기가 도움이 될지도 모른다.

▫▪▫ 분뇨경관과 늘 붕괴한 인프라

해방전후 서울은 인구 160여만 명이 모인 도시였다. 일제 퇴거 이후 90만 명이었던 서울 인구는 169만 명으로 불어난다. 세계대전이 끝나고 대략 200만 명 이상의 인구가 해외와 북한에서 남한에 유입되었다. 유입된 200만 인구 중 대략 79만 명이 서울행을 택했던 것이다.

도시가 사람을 부양하기 위해서는 여러 가지 기간시설, 즉 인프라(infrastructure)가 필요하다. 사람은 물도 마시고 식자재도 사고 때로는 완전히 조리된 음식도 사 먹으며 변도 보고 몸을 씻고 집에 들어가서 잠을 자기도 해야 한다. 우리가 상상하는 도시란 상하수도망과 식량자원공급망, 도로와 물류망, 주택이 충분히 깔린 도시이다.

그러나 운 좋게 기간시설이 고도화된 북반구의 몇몇 도시들이라 하더라도 갑자기 인구가 수십만 명에서 수백만 명이 불어난다면 거기 사는 사람들은 아주 불행해진다. 주거와 식량 인프라가 붕괴하면 움막이나 쪽방, 노숙이 늘어나고 굶어 죽는 사람이 생긴다. 거주인구 수가 위생 인프라가 가진 역량을 넘어서면 한군데 모여 사는 수백만 인구가 전염병에 걸리고 고통받는다.

[분뇨를 옮기던 트럭과 우마차]

외부출처 - 서울기록원: https://archives.seoul.go.kr/item/6982
본 저작물은 서울기록원 서울사진아카이브 서비스에서 공공누리 제1유형으로 개방한 저작물 '오물 수거차 시연'(서울기록원 고유번호 IT6982)를 이용하였으며, 해당 저작물은 서울기록원 누리집(홈페이지) 'https://archives.seoul.go.kr/ 에서 무료로 다운받으실 수 있습니다.

외부출처 - 공유마당: https://gongu.copyright.or.kr/gongu/wrt/wrt/view.do?wrtSn=13152351&menuNo=200018
본 저작물은 한국저작권위원회 공유마당 아카이브 서비스에서 공공누리 1차저작물로 개방한 저작물 "1952년 대구 거리에서 소달구지에 분뇨통을 싣고 있는 모습'(G905-13152351)를 이용하였으며, 해당 저작물은 공유마당 누리집(홈페이지) 'https://gongu.copyright.or.kr/ 에서 무료로 다운받으실 수 있습니다.

해방전후의 서울도 위에서 든 예처럼 인구급증과 위생문제에 준비되지 않은 도시였다. 인구는 150만 명인데 청소인부는 160명이고 분뇨인부는 170명이었고[30] 쓰레기와 분뇨를 옮길 때는 주로 트럭과 우마차를 사용했다.[31] 1948년의 기사를 보면 서울의 분뇨문제는 시 수준에서 인부 46519명, 농민 371151명을 동원해 대대적인 분뇨운반 사업을 벌여도 똥을 다 치우지 못할 수준의 두통거리[32]였다. 1950년엔 운반차 14070대, 마차 168200대를 동원했음에도 불구하고 골목마다 쓰레기와 분뇨가 널려 있었다.[33] 50년대 서울에서는 푸세식 변기에서 변을 보았다. 그 변이 모이면 관의 트럭이나 농민의 우마차가 변을 수거해다가 거름으로 썼다. 사람이 너무 많이 모인 관계로 공동변소는 드물었고 분뇨는 골목에도 아주 흔했다. 해방전후 서울은 똥 천지였다.

변은 원래 농업 자원이었으므로 필요한 곳으로 그 많은 분뇨가 제때제때 치워질 수 있었다면 가장 훌륭한 일이었을 테다. 분뇨가 대부분 농업용 비료로 환원처리 되는 상황에서는 몇 가지 난점이 있다. 모두 알고 있듯 농사는 철이 있고 농번기가 아니면 거름이 필요하지 않다. 농한기에조차도 우마차가 주요한 운반능력을 제공하는 상황에서 우마차가 올 때까지 가득 찬 변소를 내버려 둘 수는 없는 노릇이다.

그러므로 서울에는 분뇨를 저장하는 탱크들이 있었다. 1960년의 신문에는 마포구 신수동에 일제시대에 설치된 분뇨탱크[34]에 관한 기사가 실려 있다. 이 분뇨탱크는 주택가 한 가운데 자리 잡고서 변을 모아두었다. 가끔은 근처 공터에서 저장한 인분을 퍼다가 말리거나 하수도에 방출하기도 한다. 기사에서도 보이듯 신수동 주민들은 서강동 약 1만여 명이 겪는 악취와 식수 오염에 화가 나서 분뇨탱크를 교외로 내보내라고 말하고 있다. 여기서 주목할 부분은 마포구 신수동이 얼마 전 일제시대까지는 일반주택이 드문 교외였다는 점이다. 신수동의 분뇨탱크는 일제 경성부가 조선인들을 괴롭히기 위해서 주택가 한가운데에 설치된 것이 아니라 원래 교외라고 부르고 사람이 별로 없는 곳에 설치한 것이었다. 원래 교외였던 분뇨탱크 주변에까지 민가가 들어설 만큼 서울의 규모와 인구는 너무 빠르게 커져 있었다. 그리고 교외였던 곳에 들어와서 사는 도시 사람들은 다시 그 교외의 교외로 분뇨탱크를 내보내라고 말한다.

하지만 신수동 주민들이 1967년까지도 여러 번 진정을 넣어도 분뇨탱크는 쉽게 옮겨지지 않았던 모양이다. 아마도 그 이유는 신수동이 여전히 신수동의 주민이 아닌 사람에게는 '교외'였기 때문일 것이고 또 원래 사람 사는 곳이 아니라 똥이 모여 있어도 되는 동네에 사는 사람들이어서 그 말을 제대로 들어주지 않았던 것 같다. 그런 관점을 확인할 수 있는 한 예로 1962년의 기사에서는 분뇨탱크가 있던 마포구 신수동 일대를 빈민굴이라고 부르고 또 분뇨탱크 주변엔 이농한 도시 생활의 초년병, 생활 의욕을 잃은 패배자, 허약아 노쇠자, 성병 환자들이 있다고 말하기도 한다.[35] 여기서 기사의 목소리는 사람 사는 곳에서 때때로 강물에 변을 내보내고 공터에서 변을 말리는 엽기행각에 경악하기보다도 이런 공간에 밀려난 사람들을 역겨워하고 발전시켜야 한다고 말한다. 1969년까지도 공공 부문에서 시 전체의 분뇨를 수거할 역량은 없었고 그나마도 고지대, 변두리는 분뇨인부들에게 외면받고 불법자비수거가 이뤄지는 상황이었다.[36] 이런 상황에서 똥은 냄새, 고통, 무력감 같은 방식으로 서울 동네 간에 위계를 만들고 다른 한편으로는 힘없는 사람들을 도시 변두리로 당겨오고 있었다. 어쩌면 도시가 똥을 밀어낸 곳에 밀려난 사람들도 같이 있다고 말해야 할지도 모르겠다.

분뇨탱크는 그대로 신수동에 남았지만 그 사이 몇 가지 변화도 일어난다. 서울 인구가 빠르게 늘면서 탱크에 변을 보관하기도 힘들고 분뇨수거도 힘에 부치고 있었기 때문이다. 지금 우리가 사는 도시를 생각하는 사람이라면 당장 변기에서 직접 연결된 분뇨처리플랜트를 지을 일이라고 생각할지도 모르겠지만 분뇨를 대량 처리하는 시설을 지으려면 대략 7백만 불이 필요했고 서울시에 그런 돈은 없었다.[37]

딱히 뾰족한 수가 없으면 우선은 하던 대로 하면서 버티게 된다. 원래는 농한기 동안에는 서울에서 나는 변을 분뇨탱크에 쌓아 두고, 농번기엔 변을 교외로 내보냈다. 인구가 많지 않을 때는 그렇게 해도 됐다. 하지만 1942년 100만 명이었던 서울 인구는 1968년엔 400만으로 늘어 있었다. 인구가 늘면서 나오는 변도 같이 늘었는데 분뇨탱크 크기는 그대로였기 때문에 무언가 해야 했다. 물론 이전 기사에서도 보았듯 넘치는 변을 한강으로 발사하면서 버틸 수도 있다. 강은 자정능력이 있는 천연 분뇨처리 인프라여서 유속과 유량, 수온, 미생물의 활동량에 따라서 변을 꽤 버려도 단번에 폐수가 되진 않으니 말이다. 그러나 강에 변을 풀어놓는 양과 빈도가 높아지면 강의 자정 속도보다 오염 속도가 빨라진다. 그와 함께 강물에는 변에 살던 대장균이 많아진다. 1967년 분뇨탱크 수를 8개에서 13개로 증설하지만[38] 인구가 4배가 된 도시엔 너무 부족했다.

1968년에는 물속에 대장균과 병균매개체가 늘어나 시 당국에서 강변수영금지령을 내렸다.[39] 물이 더러워지는 상황에 대한 공감대는 행정당국으로 확산되어 67년부터 7개월간 보건사회부가 주관해 국립보건원, 서울대, 연세대예방의학교실이 수행한 조사로 이어졌다. 생물학적 산소 요구량(Biochemical Oxygen Demand, 이하 BOD) 등 환경과학적 지표가 동원된 조사에서 조사보고서는 한강 오염도가 기하급수적으로 증가하고 있다고 경고했다.

환경과학의 경고는 시민에겐 어떤 모습으로 나타났을까? 경고는 위생 인프라가 열악한 도시 변두리에서 먼저 모습을 드러냈다. 성동구 거여동의 난민정착촌에는 4530여 가구 주민이 상수도시설 없이 우물에 의존하고 있었다. 우물 근처에는 하수와 오물이 넘쳐흘렀다. 자연스레 난민정착촌에는 장티푸스, 이질, 대장염뿐 아니라 디프테리아, 독감이 만성질환으로 고착했다.[40]

인프라의 축복을 받은 사람들도 곧 영향을 나눠 받는다. 인구가 불어 제거 분뇨탱크가 넘치고 흘러내리면서 분뇨방류는 더 잦아졌다.[41] [42] [43] 1970년엔 분뇨 55%가 한강에 버려지고 있다는 시 당국의 집계[44]와 함께 한강 물을 더 마실 수 없다는 이야기도 나온다.[45] BOD 같은 지표의 힘을 빌려 말하지 않아도 한강은 똥강이 되고 있었다.

뒤늦게 1972년에는 서대문구 성산동에 서부위생처리장이, 1976년 군자동에는 AID(Act for International Development) 차관을 동원해 청계천하수처리장이 준공된다.[46] 그러나 8.5%인

수세식 화장실을 제외하면 대부분 화장실이 푸세식이어서 재래식 분뇨 수거방식에 의존하고 있었다.[47] 종로와 중구 등 수세화를 마친 도심을 제외하고는 여전히 트럭과 지게를 사용해 분뇨를 수거하는 열악한 상황이었다.[48] 그러다 보니 1973년 수거된 변 중 위생적으로 처리되는 양은 전체의 27%밖에 안 됐고[49] 나머지는 1975년까지도 분뇨탱크에 보관하다가 42%가 강물에 방출됐다.[50] 수세식 변소가 빠르게 증가했지만, 인구증가는 더 빨라서 수거분뇨량은 오히려 증가하고 있다는 지적이 나올 정도였다.[51] 인구가 빠르게 늘면서 서울의 위생 인프라는 속수무책이었다. 서울시민은 인프라가 붕괴한 상태에서 더 나빠지지 않기를 바라면서 변을 보고 오염된 물을 마시고 악취를 맡아야 했다.

▫▪▫ 국가적으로 꼭 필요한 것들

1972년 전까지 남한엔 수도 서울에도 하수처리장이 하나도 없었다. 인구 500만이 넘은 서울의 지배적 분뇨처리 체제는 여전히 부실한 도로망 위를 움직이는 지게꾼과 트럭, 일제시대에 설치된 빗물 흡수 목적의 우수관, 그리고 1960년대에 들어 12개로 증설된 분뇨탱크였다.

이런 분위기는 아시안게임과 올림픽을 준비하던 80년대 초반에 바뀐다. 1983년 김상협 국무총리의 도시미관에 대한 언급에서 확인할 수 있듯 종전과는 다른 도시를 바라보는 어떤 관점 혹은 시선이 전제되어 있다. 여기서 전제된 관점의 주인은 외국인이다. 원주영[52]도 지적하고 있듯 1982년 서울국제마라톤대회에서 마라톤 선수 앨리슨 로(Allison Roe)는 우승 인터뷰에서 서울의 대기오염이 기록단축에 방해가 되었다고 말했다. 이 인터뷰는 환경과학자 노재식[53]과 권숙표[54]의 글뿐 아니라 공해를 지적하는 기사[55]에서도 거듭 인용되며 수치스러운 경험으로 되새겨진다.

대통령 지시로 시작된 1983년의 '한강종합개발', '한강 되살리기 사업'[56]은 서울과 한강을 "우리민족번영의 상징"으로 구축하고자 하는 국가적 건설 프로젝트의 시작이다. 주택가 민원과 성산시영아파트, 목동아파트 건설을 이유로 성산동, 고양 분뇨처리장이 각각 난지, 안양 하수처리장 옆으로 이전되었다.[57] 다른 한편으로 성산동 분뇨처리장 이전계획은 김포공항에서 서울로 들어오는 길목인 서부간선도로와 성산대교를 지나는 외국인 관광객을 의식하고 있기도 했다.[58] 급하게 강바닥 퇴적물을 긁어내면서 한강은 본래의 모습을 찾는 듯 보였고[59] 낚시대회와 물고기 풀어놓기, 요트 띄우기 행사를 포함하는 한강의 날 행사도 기획된다.[60]

사실 국제적 행사 유치 이전에는 서울시조차도 연세대와 학계를 압박해서 수질문제에 입 다물게 하려던 정황도 있었다.[61] 지자체 행정이 과학의 목소리를 억누르려했던 정확한 이유는 알 수 없다. 경제적 문제는 분뇨처리플랜트 건설에 들어가는 막대한 비용이었을 것이고 분뇨정화 기술을 갖고 있지 못한 상황을 고려할 수도 있을 것이다. 또 지자체 수준에서 진행된 환경과학적 조사와 조치를 배경으로 한 과학 간의 마찰이었을지도 모르겠다. 선해 한다면 그렇다.

1950년대 말부터 시작된 공해에 국가 수준의 대대적 개입이 일어난 이유로 그 직후 준비된 두 차례의 국제적 무대를 고려하지 않을 수 없을 것이고 국민이 겪는 공해보다 아시안게임과 올림픽

손님맞이가 국가를 움직였다고 생각하면 씁쓸한 뒷맛도 감돈다.

무대는 어디까지나 행사 기간의 경기장 주변의 도시경관이었다. 대규모 탈취제 사용과 분뇨처리장 가동 중단은 일시적인 조치일 수밖에 없었다. 하수처리장이 4개로 증설되고도 처리용량이 모자랐고 민간업체의 불법방류는 계속되어서 한강은 계속 더러웠다.[62] 하수처리장이 있으나 마나라는 말도 나왔다.[63]

서울시 안팎에서 똥물로 괴로웠던 시민들은 외국인 관광객, 국제사회의 눈이나 민족, 국위보다 뒷순위에 있었지만, 고통은 시민 사이에서도 다른 모습으로 갈렸다. 처음으로 서울시 밖에 지어진 고양군 습식산화식 분뇨처리장은 고양군 주민의 반발에도 불구하고 지어졌는데 주요 일간지의 몇몇 기사 언급 이후로 고양군 분뇨처리장은 순탄히 준공된다. 고양군의 침묵은 우리에게 무엇을 알려주는 것일까. 서울에서 온 변이 온 동네에 악취를 풍기고 농업용수까지 오염시키는 데에[64] 고양군 주민은 어디까지 동의했던 것일까.

[하수처리장이 4개로 증설된 서울의 하수처리흐름]

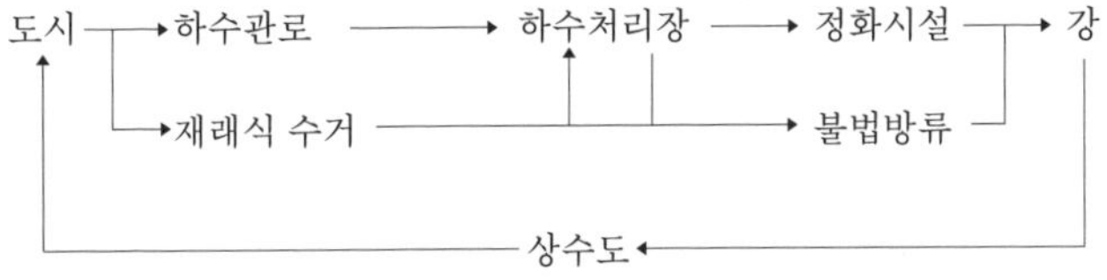

서울시와 고양군의 시민권을 대변해야 할 각 지자체는 서로 책임을 떠밀었다.[65] 수계 광역화가 해법으로 제시되기도 했지만 깨끗한 물을 사용하고 악취를 맡지 않을 권리나 주민의 괴

로움 대신 시정에서는 90년대 중반까지도 불특정 다수 수혜자나 투자 효율성 증명 같은 인식론이 문제를 어떻게 정의하고 해결할 것인가에 관한 상상력을 과점했다.[66][67] 주요 일간지는 이들의 반대를 국가적 관점을 고려하지 않는 지역이기주의, 님비운동이라고 보도했다.[68]

국가가 어때야 한다고 말하는 일부 여론에도 불구하고 같은 국가에 사는 다른 사람들은 그 사람들대로 할 수 있는 일을 하였다. 수리조합은 관과 공무원의 도시계획이 내버린 공간에서 마련된 나름의 돌파구를 만들었다. 상류의 분뇨처리장에서 제대로 처리되지 않은 하수가 내려오면서 창릉천은 온종일 악취를 풍기고 간장색이 됐다. 가끔은 똥이 그대로 떠내려오기도 할 정도였다. 창릉천은 이미 농업용수로 사용할 수 없는 수준이었다. 인근의 고양군 주민들은 지하수로 채소 농사를 짓고 수리조합을 조직해 한강에서 끌어올린 물로 논물을 댔다.[69]

그러나 국가가 멈춘 곳에서 시민들 스스로 조합을 조직하는 것 말고 다른 방법은 없었을까? 한강 수계 전역에서 배출되는 분뇨처리장과 축사, 공장 폐수를 정화하거나 차단하려면 국가 수준의 스케일 횡단과 인프라의 조직이 필요했다. 이 시대의 국가는 도시세계 변두리의 민원보다는 산업지표를 택했다.

▫▪▫ 세계를 짓고 살아가는 상상력에 관해

이제 내가 하려던 얘기를 마저 해볼 수 있겠다. 세계를 짓고 살아갈 때 어쩌면 유용할지도 모르는 상상력에 관해서 말이다.

해방전후의 서울은 처음부터 변을 보기 좋은 환경은 아니었다. 하지만 더 과거로 소급해보면 서울은 하수도 없이도 사람이 살 만한 동네였다. 두 시점의 차이에서 위생 지식과 기술, 정치의 변화를 고려하기도 해야겠지만 두 풍경은 공통으로 사회와 기술, 자연이 뒤죽박죽 섞인 풍경이다. 우리가 도시의 기간시설로 여기는 상하수도는 토양과 지형 아래의 지하수와 한강 지류들을 땜질하면서 만들어졌다. 그 전에 한강 주변에 살았던 사람들도 한강이 한강이라고 불리기 전에 살았던 사람들과 사람들이 살기 이전에 강이 만든 세계를 터전으로 삼았던 배역들도 각각의 실천 속에서 세계를 지으면서 삶을 꾸려왔다. 이렇게 보면 대규모 도시 기간시설은 상대적으로 아주 어린 인식론이다. 하지만 이 젊은 인식론이 만든 세계가 어떤 세계였는지 물과 똥이 만든 풍경을 돌아보며 따져봄 직하다.

해방전후 서울은 갑자기 엄청난 인구가 늘어날 만한 상황에 대비되지 않았다. 공공변소 수는 적고 관리인력은 부족했다. 아마도 권위주의 국가라면 사람을 이곳저곳으로 분산시켜서 기간환경이 지게 될 부담을 줄일 수 있었을지도 모른다. 하지만 남한은 자유대한이었고 미군정에 크게 의지하던 상황에서 인구를 속속들이 알고 통제할 힘을 바로 가질 수도 없었을 것이다.

그 시대에 주어진 미래는 어쩌면 선진 자유세계와 마찬가지로 상하수도를 갖춘 위생 도시였다. 다른 미래를 택하면 어쩌면 빨갱이로 몰려 죽었을지도 모르고 선진세계의 선진됨을 직접 경험하기 전에 마다하거나 고민할 법한 상황은 아니었는지도 모르겠다. 결정적으로 그런 미래를 위해 지불해야 할 기술과 자원이 우리에게 없었다.

그러므로 서울은 처음에는 교외로 변을 밀어냈다. 하지만 서울이 점점 몸집을 불려 나가면서 원래 교외였던 곳들엔 사람들이 살게 됐고 원래는 똥이 있어야 할 바깥에 똥과 사람이 함께 사는 모양이 됐다. 서울의 중심부에서 변을 누지 않는 것은 아니니까 어딘가에는 분뇨탱크들이 있어야 했고 탱크들은 오랫동안 거기 남았다. 남한은 그 후 하수도망과 하수처리장을 어렵게 마련하기 시작한 70년대 중반까지 우마차와 트럭, 지게로 변을 옮겨다가 거름으로 쓰거나 분뇨탱크에 쌓아 두고 한강에 변을 풀어놓는 생활을 계속하게 된다.

강에 풀려난 변은 수중 생태계를 파괴했을 뿐 아니라 한강 수계를 따라 내려가면서 강물에 의존해 농사를 짓고 강과 하구에서 어업에 종사하는 농어촌 사회경제도 줄줄이 파괴했다. 도시와 산업 생태계가 성장하면서 새로운 행위능력들이 유입되었고 기존의 사회생태적 지형도 와해한 것이다.

[사회공간에서 목소리의 증폭과 감쇄]

	[하부구조적 위계] 부각된 목소리·주변화된 목소리		
국제적 세계상에서 국가체면	외국인 불편	국민 공해	
도시공간의 위계	김포공항 목동, 성산, 서부대로	수거기피지역 한강하류 지역 구교외지역	교외지역 빈민굴
감각의 위계	BOD, 환경과학적 보고서	시민 감각, 불쾌함	
환경설비의 경제성공학	특정된 피해자와 수혜자 지자체 재원	불특정다수 피해자 와 수혜자	

이런 변화는 당연한 일만은 아니었을 텐데 당연하지 않은 여러 가지 일 중에서 어떤 일을 당연하게 만들 힘을 권력이라고 부를 수 있을 테다. 위 상황에서 뒤늦게 활약하기 시작한 상하수도학과 기술관료적 인식론으로 한강 수계의 세계가 겪은 재난은 국가적으로 필요한 변화였거나 서울 아파트촌이 겪는 변화에 수반될 수밖에 없는 어떤 변화였다. 관료들은 최적화된 순서로 문제를 해결해 주기로 되어있었다.

국가와 지자체의 업무 순서를 기다리면서 도시세계 변두리의 절망과 곤궁은 직접 해결해야 하거나 포기해야 할 문제가 되었다. 도시 인프라 수준에서 일어난 대규모의 변화는 대규모의 처방을 통해서만 바로잡을 수 있는 문제였고 소수의 개인과 소규모 집단은 그만한 세계를 건설할 힘을 갖고 있지 않았다. 주권자들의 동등한 정치적 행위능력이라는 민주적 이상도 기대하기 어려웠다.

어쩌면 다른 상상력으로 한 곳에 사람이 너무 많이 모여서 변을 누고 기술과 행정으로 땜질을 하는 상황을 타개할 수 있었을지도 모르겠지만, 그때의 남한은 그렇지 못했다. 관료들은 처음엔 변을 강물에 방류했다. 거기에 따른 정치생태학적 비용은 대장균과 악취, 수인성전염병, 간장색 강물로 돌아왔다. 서울 바깥으로 몰아낸 변은 한강 하류의 생태와 경제를 망가뜨렸다. 이후 우리는 외국 손님을 맞으면서 준비한 겉치레가 도시세계가 초래한 비용을 완전히 정산할 수 없다는 것도 배웠다.

나는 세계 밖으로 밀려난 변과 함께 탄소를 생각한다. 한강이 자정능력을 유지하던 60년대 중반까지도 변은 배출해선 안

될 무엇이기보다는 길바닥에도 널려 있는 범속한 더러운 것에 지나지 않았다. 교토의정서 등 몇몇 이른 합의에도 불구하고 최근의 빙하 융해 티핑포인트와 기후재난의 조짐 이전까지 탄소도 거와 마찬가지 취급을 받았다.

우리가 일일이 알 수 없을 노력 끝에 변은 이제 하천과 세계에 극적인 재난을 가져오진 않는다. 대신 탄소가 그 역할을 이어받았다. 강물에 변을 풀던 시절 그랬듯 우리가 별생각 없이 풀어놓는 탄소는 이제 행성적 역량을 가진 기후재난으로 나타나게 되었다. 서울 바깥으로 내보낸 변이 어떻게든 서울로 돌아온 것처럼, 남한 바깥으로 내보낸 탄소는 이상기후와 먹거리공급망 붕괴 같은 모습으로 우리 앞에 돌아온다. 지구가 도시로 뒤덮인 상황에서 도시세계의 변두리는 없다. 도시는 다른 도시에게 영향을 주고 우리는 이제 원하든 원치 않든 행성에서 함께 사는 데 드는 비용을 함께 치뤄야 한다. 아직 미진한 수준이지만 위 비용을 두고 경제와 생태 간의 번역은 활발히 일어나고 있다. 유럽연합이 준비 중인 탄소국경세가 대표적인 예다. 기묘한 우회와 함께 도착한 자연변증법적 울림과 함께 환경은 이제 경제다.

최근 K-문화산업의 전지구적 약진은 남한의 사람들에게 전지구라는 규모의 공간에서 우리, 남한인을 위치 짓고 상상하는 데에 어떤 자극을 준 것 같다. 우리가 예상한 적 없었던 어느 향유층을 통해 전지구적인 무언가에 연루되어 있다는 어떤 감각은 우리가 언제나 우리가 알지 못하는 기묘한 방식으로 우리가 상상하는 이상의 규모의 세계들에 연결되어 있다는 점을 일깨워주는 것만 같다. 우리가 전지구적인 연루를 통해 문화산업과 국민됨의 기쁨을 누릴 수 있는 방식으로만 연결되어 있으면 좋겠지만 실상은 다른 방식으로도, 기후재난에 공동으로 가담하는 방식으로도 존재하고 있다는 점을 생각하기는 불편한 일일 수 있다. 하지만 우리가 변을 보고 나서 변이 저절로 적당한 방식으로 행복하게 세계의 일부가 되지 만은 않는 것처럼 탄소도 저절로 우리를 위해 적합하게 존재해주지는 않을 것이다. 그리고 연결에 응답하는 상대 없이 전지구적인 연결로 우리가 문화적, 경제적 성공을 누리는 일은 없을 것이다. 생산한 문화에 그들이 응답해온 것처럼 우리는 우리가 생산한 탄소에 응답해야 할 것이다. 당연하게도 우리가 생산한 탄소에 응답하지 않는다면 우리는 정치와 생태를 가로지르며 이 행성을 적으로 돌리게 될 것이다. 이런 의미에서 내가 생각해보기에 물과 변이 주는 상상력이란 변기 너머의 세계들을 다른 방식으로 그리고 이해하고 거기 응답할 수 있는 그림을 그리게 해주는 능력이다. 또 우리가 우리 앞에 놓인 도시와 변기 이상의 세계에 관여하는 방식으로 다른 세계들에 의존하면서 살고 있음을 알아차리고 행동하는 정치의 기초다.

서울에서 숨쉬기

신지연

사람마다 발달한 감각이 조금씩 다르다면, 내게 가장 발달한 감각은 후각이 아닐까 종종 생각한다. 어렸을 때부터 호흡기가 약했던 나는 동시에 숨에 민감하다. 코 막힘과 같은 알레르기 증상을 통해 계절이 바뀌어 가고 있음을 인지하고, 해외의 공항에 도착했을 때도 낯선 냄새를 맡으며 그곳이 타지임을 느끼고 받아들인다. 광주에서만 살다 대학 때문에 서울로 이주한 내가 이비인후과를 그토록 들락날락했던 일에 대해 종종 생각한다. 당시 내가 다니던 대학은 중심부를 거의 갈아엎는 수준의 대규모 공사를 하고 있었고, '미세먼지'에 대한 각종 담론이 내가 입학하던 해에 폭발적으로 생산되기 시작하던 사실을 떠올려보면 이 모든 것들은 내 생각보다 더 연결되어 있을지 모른다고 느낀다.

나는 우리가 서로 연루되어(entangled) 있다는 감각을 확산하고, 우리가 실제로 어떻게 응답하고 친밀해질 수 있을지 탐구해보고 싶었다. 공존하고 있으면서도 인식적으로는 너무 멀어진 것들과의 친밀성을 회복하고자 시도해보고 싶었다. 그래서 내가 아주 예민하게 느끼면서도 한 번도 글로 적어본 적 없는 공기와 호흡에 대해 글을 쓰기로 했다. 이 글은 주로 서울에서의 나의 경험을 배경으로 하고 있지만, 꼭 서울에만 국한되어 있지는 않다는 점을 먼저 밝혀두고 싶다.

글을 쓰면서 나는 지리학자 피터 애디(Peter Adey)의 연구와 <잡종도시서울>[70] 프로젝트 구성원들로부터 많은 도움을 받았다. 애디는 공기를 단순히 물질, 자연현상, 혹은 기술적 성취로 보지 않고 우리를 둘러싸며 지탱해주는 존재로 바라보았으며, 공기가 엄청나게 많은 물질을 전달할 수 있는 존재임을 잊지 않고 접근했다.[71] 메가시티(megacity)에서의 공기를 분석한 논문[72]에서도 그는 공기가 성장과 쇠퇴, 욕망과 거부감 사이에서 어떻게 차이를 말해주는지, 수직적 지정학 내에서 공기가 어떻게 유통되는지, 거대도시들은 어떻게 분리된 공기를 생산하는지를 분석하기도 했다. 이러한 글은 공기가 서울에서의 일상에 어떤 역할과 작용을 하는지, 공기가 왜 중요한지를 풀어내는 데에 영향을 주었다. 또한 프로젝트의 구성원들과 나눈 대화는 이러한 작용의 복합성을 보다 자세히 보게 하였다. 그 대화들 역시 이 글에 최대한 담아내고자 하였다.

▫▪▫ 쾌적함에 대하여

나는 먼저 공기가 '감각의 정치(politics of sensibility)'에 어떻게 동원되는지 이야기하고 싶다. 편안함 혹은 쾌적함은 신체, 물체, 환경 사이에서 유발된 '심미감(aesthetic sensibility)' 혹은 '정동적 공명(affective resonance)'으로 설명될 수 있다.[73] 쾌적함이 어떻게 관리되는지를 생각하면 떠오르는 경험이 있다. 대학을 다니던 당시 나는 2호선을 타고 신촌역으로 통학을 했다. 신촌역에서 내가 다니던 학교까지는 도보로 15분 이상을 걸어야 했는데, 신촌역에서 현대백화점 유플렉스로 이어지는 통로를 따라 출구로 나오는 편이 사람도 덜 붐비고, 에스컬레이터를 이용할 수 있어 편리했다.

지하철역의 퀴퀴한 공기 속을 뚫고 유플렉스 통로의 문을 열면 마치 하나의 공기 경계를 통과한 듯한 느낌이 든다. 무거운 백화점 특유의 문을 열면 정제되고 시원한/따듯한 공기와 각종 향기가 몰려온다. 백화점이나 쇼핑몰에 가면 느껴지는 부르주아적 공기가 나의 착각만은 아니었던 게, 2019년도 한 기사[74]에 따르면 현대백화점은 점포 내 공기 질 개선을 위해 5년간 60억 원을 투자한다고 밝혔다. 고객 출입구에 대용량 공기청정기와 공기정화 효과가 큰 나무를 비치하고, 매년 필터 교체를 진행하는 등의 계획이다. 동종 업계, 유사한 내용의 기사들이 2019년에 자주 등장했던 것을 보면 쾌적한 공기가 하나의 브랜딩으로 명확히 자리를 잡아가던 시기였던 듯 보인다.

한때는 인근 대학생들 사이에서 이런 논란도 있었다. 이 지하통로에 배치된 의자에 노숙인이 자리 잡기 시작하면서 보행자가 위협감을 느낀다는 문제 제기가 일었는데[75], 그중 '악취' 문제도 있었다. 노숙인의 체취나 음주로 인한 냄새들이 화장품 브랜드의 향과 뒤섞일 때 느꼈던 감각에 대해 종종 생각한다. 이른 아침이나 늦은 저녁, 그 냄새들이 섞이는 것이 이상해 지하통로를 거치지 않고 육로로 신촌역까지 걸어갔던 것에 대해. 노숙인은 다양한 도시 공간에 존재하고 있으며, 노숙인을 처음 마주한 것도 아니었는데 나는 그 상황을 왜 그렇게 낯설게 느꼈을까. 피터 애디[76]는 공기에 대한 분석이 누가 이 공간에 속하고, 속하지 않는지, 누가 자격이 있는지 등을 드러낸다고 말한다. 나는 그때의 이상함이 공기의 뒤섞임에서 오는 정서였다고 종종 생각했다. 구체적으로 말하자면, 이 공간에 속할 수 있다고 판단된 공기와 속할 수 없다고 판단된 공기의 뒤섞임이었다. 나는 역의 통로이자 백화점의 지하이기도 한 이 '사이'공간에 어떤 공기가 어울리지 않는지 '판단'하면서, 은연중에 이 공간에 속할 자격을 따지고 있었던 것 아닐까. 이 글을 쓰면서 나는 오랜만에 다시 신촌 유플렉스 지하를 찾았다. 매장 맞은편에 있던 의자들은 사라진 후였다.

서울에 독립해 살면서 나는 쾌적한 공기와 냄새를 유지하기 위해 많은 품을 들여야 한다는 사실을 깨달았다. 한참 미세먼지 담론이 유행할 때는 원룸에 쾨쾨한 냄새가 가득 차는 느낌에 공기청정기를 들였다. 아파트 베란다에서는 하루면 잘 말랐던 빨래가 원룸에서는 며칠을 두어도 잘 마르지 않았다. 빨래가 잘 마르기 위해 필요한 충분한 햇빛과 적절한 공기의 순환은 내가 살던 원룸에서 실현될 수 없는 조건이었다. 처음에는 돈을 아낀답시고 섬유유연제를 사지 않다가 빨래에서 나는 물 냄새 때문에 사기 시작했다. 하지만 섬유유연제를 써도 물 냄새를 완전히 막기란 어려웠다. 나중에 인터넷 검색을 하면서 '실내건조용' 섬유유연제가 새로 출시되었음을 알게 되었고(원룸 자취생에게는 필수 아이템이라는 문구가 적혀 있었다), 내가 원래 쓰던 섬유유연제보다 몇천 원 비쌌지만 고민할 겨를이 없었다. 장마철이라도 되면 섬유유연제도 효용이 떨어져 결국 무인 세탁방에 들려 빨래를 한다. 모자를 눌러 쓰고 슬리퍼를 신은 내 또래들이 삼삼오오 무인 빨래방에 앉아 핸드폰을 하며 기다리는 모습은 '장마철' 하면 떠오르는 기억 중 하나다.

사소한 일이지만 나의 '냄새'를 다스리고자 했던 노력은 성인이 되는 과정 속 타지에서 적응하기 위해 애를 썼던 일 중 하나였다. 이 글의 초안을 읽은 <잡종도시서울> 프로젝트 구성원 중 한 명은 '좋은 향기'를 위한 나의 시도가 섬유유연제나 향수에 알레르기가 있는 사람들에게는 의도치 않은 공격이 될 수 있음을 지적해주었다. 이와 관련된 알레르기가 있지 않았던 나는 미처 생각하지 못한 것이었다. 이 지적은 공기의 침범에 대해 다시 한번 생각하게 했던 말이었다.

영화 <기생충>(2019)에서 이선균이 연기한 박사장은 이런 말을 한다. "암튼 그 양반(기택) 전반적으로 말이나 행동이 선을 넘을 듯 말 듯 하면서도 결국엔 절대 선을 넘지 않거든, 그건 좋아 인정. 근데 냄새가 선을 넘지." 그는 기택에게서 나는 냄새를 "무말랭이 냄새", "행주 삶을 때 나는 냄새", "가끔 지하철 타면 나는 냄새"에 비유한다. 성인기에 접어들고 서울의 원룸에 살면서, 내가 나에게서 나는 냄새에 그토록 민감해진 이유에 대해 생각해본다. 첫 번째 이유는 <기생충>의 대사에서 드러나듯, '냄새'가 선을 넘을 수 있는 것이기 때문이다. 내 의도와 상관없이 타인의 영역에 침범 가능하다는 것이 나에게 공포감을 불러일으켰다. 둘째, 나의 특정한 냄새로 인해 내가 어떤 공간에 속하지 않은 사람으로 분류되는 것이 무서웠기 때문이다.

게오르그 짐멜(Georg Simmel)은 "감각의 사회학"에서 이렇게 말한다. "우리는 무엇인가 냄새를 맡으면서 그것이 주는 인상이나 그것을 발산하는 객체를 우리 안으로 깊숙이, 곧 우리의 중심으로 끌어들이며, 이를 이른바 호흡이라는 생명 과정을 통해—우리가 그것을 먹지 않는 한—다른 모든 감각들에서는 불가능할 정도로 우리 자신과 매우 밀접하게 동화시킨다."[77] 짐멜이 지적하듯, 어떤 것에 대해 냄새를 맡는 행위는 그것을 나와 밀접하게 동화시키는 행위다. 공기 혹은 냄새가 '배제'의 원리를 지닌 것은 매우 빠르게 발생하는 이러한 원리 때문일지도 모른다.

그것이 무엇에 의해 구역화되었는지는 달라도 서울의 공간은 각기 다른 공기를 가진 채 구역화되어 있다. 일례로 인터넷에서 종종 화자 되는 "서울 지하철 1호선 냄새"가 환기장치 때문이라는 기사[78]를 본 적 있다. 2016년 기준으로 서울·수도권 지하철 1호선 운행차량 중 78.2%가 환기 장치를 갖추지 않고 있었으며, 환기장치를 갖췄다고 해도 약 34%는 자동환기시스템이 아니라 '환기팬'만 장착되어 있어 민원이 있거나 날씨가 습할 때만 자의적으로 작동시키는 것으로 파악되었다. 이에 운영 주체인 서울메트로와 코레일은 1호선의 대부분이 지상철이고 역 사이 간격이 짧아 자연환기로도 충분하다는 답변을 내놓았지만, 전문가들은 출퇴근 시간대엔 1호선 내 이산화탄소 농도가 기준치의 4배가 넘는다고 지적하면서 호흡기나 순환기 질환자, 노약자에겐 심각한 문제가 될 수 있음을 지적했다. 서울의 지하철 내부에서도 운영 주체에 따라, 차량의 노후 정도에 따라 우리는 다른 '숨쉬기'를 할 수밖에 없는 것이다.

▫▪▫ 팬데믹 안에서 숨쉬기

코로나19로 너무 많은 것들이 바뀌어버렸다. 모두가 마스크를 써야 하면서 우리는 더는 타인의 냄새를 쉽게 맡기 어려워졌다. 화장실 냄새 같은 악취가 쉽게 나를 침범하지 못한다는 사실은 좋았지만 비 온 뒤 강아지와 산책할 때의 축축한 풀내음, 미세먼지 없는 날의 시원한 공기도 잘 맡기 어려워졌다. 아무리 친밀한 사람이어도 사적 공간에서 마스크를 벗고 만나지 않는 한 그 사람에게서 나는 고유한 냄새를 맡기 힘들어졌다. 대신, 우리는 우리 스스로에게서 나는 냄새를 더 맡아야 했다. 코로나19 초기, 버스에서 마스크를 착용한 채 재채기를 했다가 마스크에서 나는 내 침 냄새를 맡기가 고역스러웠던 적이 있다. 지금은 그런 냄새조차 익숙해졌지만, 그 순간은 마스크를 벗을 수 없다는 사실이 너무나 답답하게 느껴졌다. 코로나19 이후 뿌리는 입 냄새 제거제나 마스크에 붙이는 패치가 활발히 출시되는 걸 보면서 자기 냄새를 견디기 힘들어진 사람들이 많음을 알 수 있었다. 마스크 착용으로 인해 화장품 매출은 하락했지만, 향수 매출이 큰 폭으로 상승했다는 기사[79]를 보았을 때는 코로나19로 인해 후각이 일정 부분 차단되었지만 동시에 사람들이 후각에 민감해졌다는 생각이 들었다. 어쩌면 마스크로 인해 얼굴이 반 이상 가려지면서 스스로를 드러낼 수단으로 시각보다 후각을 더 선택하게 된 것일지도 모른다. 나는 종종 마스크를 안 써도 되는 때가 도래했을 때, 우리가 서로에게서 나는 냄새에 어떻게 반응할지 궁금해진다.

바이러스가 창궐하면서 호흡에도 불안감이 깃들기 시작했다. 코로나19 이전에도 호흡기 감염 질병은 많았지만, 마땅한 치료제가 없는 바이러스로 인해 함께 호흡하는 과정에 바이러스가 침투되어 있을지 모른다는 사실이 지속해서 인식되기 시작했다. 특정 거리, 특정 이동에 따라 바이러스가 어떻게 확산하는지를 보여주는 텍스트와 이미지들이 시시각각 업데이트되었다. 이러한 상황은 이례적으로 우리가 공기의 흐름 속에 위치하고 있으며 이를 통해 연결되어 있음을 강박적으로 인식하게 한다. 함께 식사하던 중, 누군가 최근에 확진자와 접촉하는 바람에 검사를 받았다는 이야기를 했을 때 순간 식사 자리에는 긴장감이 맴돈다. 나는 갑자기 불안해졌지만 그 사람을 불쾌하게 만들지 않기 위해 괜찮은 척하고, 그 사람은 황급히 검사결과가 음성이었으며 자신의 일상에 문제가 없음을 덧붙인다. 나는 그 순간 내가 호흡하고 있다는 사실을 신경질적으로 인지한다. 이러한 반응이 인구 밀집도가 높아 바이러스 확산 가능성 역시 배로 높은 대도시에서 더 간헐적으로 발생한다고 말한다면 그것은 비약일까? 동시에 팬데믹 상황에서 폐쇄적이고 정화된 공기를 유지하고자 했던 공간들은 도리어 바이러스 확산의 공간이 되기도 했다. 폭염을 피해 들어가 있던 카페에서는 천장형 에어컨이 집단 감염의 매개체였고, 자연환기가 어려운 백화점과 대형마트에서도 잇단 코로나19의 확산이 발생했다. 이에 대해 한 프로젝트 구성원은 백화점과 대형마트의 몇몇 감염이 '직원 휴게실'에서 발생했음을 지적했다. 장시간 근무하면서 좁고 폐쇄된 탈의실, 직원 휴게실, 물류창고를 이용하던 직원들이 집단 감염된 것이다. 이러한 사례는 다시금 호흡과 관련한 '취약성'에 더 노출된 공간과 사람들이 있음을 드러낸다.

▫▪▫ 서울과 미세먼지

이 글에서 내가 마지막으로 다루고 싶은 것은 미세먼지에 관한 것이다. 미세먼지는 먼지 중에서도 입자크기가 매우 작은 것으로, 지름이 10μm보다 작은 미세먼지(PM10)와 지름이 2.5μm보다 작은 초미세먼지(PM2.5)로 나뉜다. PM2.5의 경우 머리카락의 약 1/20~1/30에 불과하다. 이처럼 매우 작아 미세먼지는 폐에 침투하기도 하지만 혈관을 따라 체내에 이동할 수도 있다. 관련 기사들이 쏟아져 나왔던 2013년~2014년이 마치 처음으로 미세먼지가 문제시된 시기처럼 여겨지기 쉽지만, 미세먼지라는 용어는 90년대부터 널리 쓰이고 있었으며, 1995년부터 전국 측정을 시작했다.

국립환경과학원[80]의 자료를 보면, 미세먼지는 2000년대 초반 상승을 거듭했고 오히려 2010년대에는 정체 상태에 있었다.

<한겨레>의 한 기사[81]는 이러한 정체 시기가 미세먼지에 대한 불안이 상승하던 시기와 겹쳐있다고 말하는데, 2013년 이후 미세먼지 관련 보도가 몇 배로 증가했다는 사실이 이를 일정 부분 말해준다. 2013년은 세계보건기구가 대기오염과 미세먼지를 '1군 발암물질'로 지정했던 해였으며, 2014년은 기상예보처럼 날마다 미세먼지 정보가 제공되기 시작하던 해였다. 미세먼지에 대한 담론이 한참 확산하던 때에는 매일 아침 날씨를 확인하듯 어플을 켜 미세먼지 상황을 확인했었다. 한강에 놀러 가기로 한 날 미세먼지가 심하면 약속 장소를 옮기기도 하고, 친한 중국 출신 친구는 미세먼지 기사에 매번 중국인을 비난하는 댓글이 달리는 것을 보고 괴로움을 토로하기도 했었다. KF94 마스크를 처음 착용한 것도 미세먼지 때문이었으며, 가끔씩 피부나 두피에 갑작스레 염증이 생기는 것의 원인도 미세먼지일 수 있다는 진단을 받기도 했다.

그런데 어느 날 문득 이런 생각이 든 적 있다. 사람이야 마스크를 착용하고 실외 활동을 줄인다지만, 그렇지 않은 생물들은 어떻게 해야 하는지. 애초에 비인간들이 미세먼지에 어느 정도 영향을 받는지조차 알지 못했다. 우리는 자연 속 식물들이 미세먼지에 어떤 영향을 받는지는 궁금해하지 않았다. 이 글을 쓰면서 나는 미세먼지가 산성비를 내리게 해 토양과 물을 산성화시킬 뿐만 아니라, 식물의 잎에 부착되는 순간 잎의 기공을 막아 광합성을 저해시킨다는 사실을 알았다.[82]

동물들은 어떨까? 미세먼지 담론이 한참 들끓던 시절, 산책을 오랫동안 못 가면 스트레스를 받는, 혹은 실외 배변을 하는 반려견을 위해 마스크 구매를 고민하고 있다는 글을 본 적 있다.

강아지의 경우 사람과 비교해 흡입 공기량이 훨씬 많으며, 중금속의 경우 땅바닥에 깔려있어 키가 작고 땅의 냄새를 맡는 강아지들이 중금속을 더 많이 삼킬 가능성이 크다.[83] 그러나 냄새를 맡으며 즐거움을 얻고 소통을 하는 강아지들에게 마스크를 씌워 산책하는 것은 그 자체로 스트레스일 수도 있다. 집에 사는 동물들은 그래도 산책을 자제한다거나 집에 공기청정기를 들이는 식으로 영향을 줄일 수 있지만, 바깥에 사는 동물들은 어느 정도의 영향을 받을지 가늠조차 되지 않는다. 미세먼지는 질병을 유발한다. 하지만 누구에게 어느 정도로 유발하는지는 충분히 이야기하지 않는다.

코로나19 이후 나와 내 주변 사람들은 미세먼지에 대해 점점 더 관심을 잃어갔다. 애초에 팬데믹이라는 거대한 문제가 생겼을 뿐 아니라, 선택적으로 착용하던 마스크가 필수품이 되었기 때문이다. 매일 마스크를 착용하면서 오늘의 공기가 좋은지 나쁜지조차 쉽게 가늠되지 않았으며, 단지 육안이나 신체 일부의 다른 반응으로 알아차릴 뿐이었다. 미세먼지에 관한 관심은 여러 이유로 줄었겠지만, 실제로 미세먼지 자체가 개선되기도 했다. 2020년에는 '매우 나쁨'이 단 하루도 발생하지 않았으며, 초미세먼지 나쁨 일수도 2019년 대비 20일이나 감소했다. 국립환경과학원은 이와 관련하여 네 가지 이유를 꼽았는데, (1) 국내 정책 효과 (2) 중국의 지속적인 미세먼지 개선 추세 (3) 코로나19 영향 (4) 양호한 기상조건이었다.[84] 2019년 12월부터 겨울철 동안 배출가스 5등급 차량을 대상으로 수도권 운행 제한을 실시하고, 일부 석탄화력발전소도 운행이 제한됐다. 중국 337개 도시의 초미세먼지 농도도 감소했다. 그러나 내가 특별히 흥미로웠던 부분은 "코로나19 영향"이었다. 면밀한 분석은 더욱 다양한 데이터를 수집해야 가능하겠지만, 몇몇 기사는 코로나19로 인해 줄어든 에너지소비와 교통량이 미세먼지에 영향을 줬을 수 있다고 추측한다. 지난 10년간 증가했던 도로 교통량은 코로나19로 감소했으며, 선박 입출항 수는 7.6%, 항공운항 편수는 43.6% 감소했다.

영향이 적진 않겠으나, 수도권의 미세먼지 원인을 이야기할 때 중국의 영향을 중심으로 '피해 서사'에 집중되어 온 측면이 있었다. 그러나 분석 기간과 방식에 따라 차이가 있어도 국내 미세먼지의 국외 영향은 알려진 만큼 압도적이지 않으며, 서울에서 관측된 초미세먼지의 70% 이상은 국내에서 발생된 것이라는 연구 결과도 존재한다.[85] 또한 코로나19가 미세먼지 감소에 영향을 주었을지 모른다는 사실은 미세먼지가 중국에서, 공장이나 발전소에서 발생할 뿐만 아니라 당장 나의 생활 공간에서 지속해서 만들어지고 있음을 상기시킨다. 캠핑에서 즐기는 바비큐, 비행기로 이동하는 여행, 불꽃축제 등도 많은 미세먼지를 발생시킨다. 특히 높은 비율의 인구가 집중된 수도권은 이런 점에서 취약할 수밖에 없다. 생활 먼지는 서울의 많은 문제처럼 다른 지역으로 외주화(이 책의 5장과 7장을 함께 참고)할 수도 없다는 점을 상기할 필요가 있다.

▫▪▫ 숨쉬기가 말해주는 것들

나는 이 글을 쓰면서 서울에서 숨을 쉰다는 행위에 대해 인지함으로써 만들어지는 효과는 무엇인지를 지속해서 생각했다. 가장 강력하게 말할 수 있는 것은 '연결성'에 대한 부분이다. 호흡은 누구도 피할 수 없는 신체 활동이라는 점, 빠른 속도로 타인을 내 안으로 받아들이는 과정이라는 점에서 매우 상호 연결적인 행위다. 동시에 이런 점 때문에 호흡은 매우 정치적인 행위일 수밖에 없다.

가끔 광주에 사는 지인들이 서울에 오면, "나는 서울에서는 못 살겠다"는 말을 많이 한다. (나뿐만 아니라 많은 비수도권 출신 서울 거주자들이 종종 듣는 소리일 것이다.) 이 말에는 지나치게 밀집된 인구, 비싼 물가, 오히려 너무 많아서 복잡해 보이는 인프라뿐만 아니라 비옥하지 않은 환경 등에 대한 의미가 복잡하게 얽혀 있다고 생각한다. 나는 서울에 살면서 숨이 막힌다는 감각을 종종 느꼈다. 정도 차이는 있어도 미세먼지와 코로나19처럼 지역에 상관없이 직면한 문제도 있었지만, 이 글은 서울에서는 숨쉬기조차 쉽지 않다는 것을 체감하면서 쓴 글이다. 인종주의와 숨쉬기를 연관시킨 가브리엘 아파타(Gabriel O. Apata)[86]는 환경적(ecological)/생물학적(biological)/사회적(social) 차원에서 공기를 논한다. 나는 극심한 미세먼지 때문에(환경적), 코로나19와 같은 질병의 문제 때문에(생물학적), 이곳의 구성원으로 받아들여져야 한다는 불안 때문에(사회적), 혹은 이 모든 것들이 한꺼번에 몰려와 질식할 것처럼 느꼈던 것일지도 모른다.

이 글은 서울에서 호흡하는 것의 취약성을 드러내고자 한 시도다. 모든 문제가 그렇듯이, 서울에서 호흡하기는 보편성과 특수성을 모두 지닌다. 먼저, 서울에서 호흡하기는 공간 관리의 장 안에 있다. 공기마저 구역화될 수 있다는 점은 보편적이면서 동시에 분할된 관리주체에 의해 발생하는 지하철 1호선의 사례와 같이 특수한 지점이 있었다. 동시에 공기는 쉽게 분리 가능하다거나 외주화하기 어렵다. 공기를 관리하려던 시도는 코로나

19 같은 호흡기 바이러스에 의해 쉽게 공격받을 수 있으며, 서울과 같은 인구가 집중된 대도시에서는 배로 다루기 어려워지는 문제가 된다.

여기서 또 한 가지 매우 중요한 사실은 호흡하기와 관련된 취약성이 인간종에게만 국한된 것이 아니라는 점이다. 미세먼지 사례가 드러내듯, 동물 역시 인간만큼, 혹은 인간보다 더 악영향을 받기 쉽다. 또한, 미세먼지와 초미세먼지의 경우 식물의 자생력도 감소시킨다. 이 사실만으로도 이 문제는 충분히 잡종적이다. 앞서 나는 호흡하는 행위가 지니는 연결성에 대해 언급했다. 연결되어 있다는 것은 여러 의미를 함축하지만, 나는 그중에서도 책임에 대해 강조하고 싶다.

<호흡공동체>라는 책에서 저자들은 한국사회가 일련의 공기위기에 대응하는 모습에는 공기관계에 관한 크게 두가지 구상 혹은 전략이 있다고 지적한다. "우리는 이를 '각자도생의 공기'와 '공동체의 공기'라고 부른다."[87] 각자도생의 공기가 마음 놓고 호흡할 공기를 개개인이 능력과 자원을 동원하여 마련해야 한다는 생각이라면, 공동체의 공기는 우리가 함께 숨쉴 수밖에 없음을 인지하는 것이다. 일상에서 좋은 공기가 있는 공간을 찾고 특정 제품을 사는 것과 같은 시도를 이어가지만 이는 임시방편이자 일시적인 믿음일 뿐이다. 결코 혼자 숨쉴 수 없다는 사실은 이것이 우리 공동의 정치적 문제가 되어야 함을 드러내며, 우리가 함께 누려하는 권리가 무엇인지, 이를 위해 필요한 개입과 책임은 무엇인지 묻게 한다.

사건: 도시(간)지하(사이)공간

이승빈

| 일러두기 | 이 글은 공간주의에서 서울시 청년허브의 지원으로 진행한 실험 프로젝트 <잡종도시서울>을 통해 독립출판 및 웹 공개된 글 "도시 사이의 잡종적 파편들: 접힌 세부구역과 모빌리티 인프라스트럭처"의 일부 내용을 선택, 편집하여 이 책에 (재)이식한 것이다. 앞선 글은 총 여섯 챕터, 1. '서울의 시계확장과 접힌 세부구역들', 2. '서울시 빨간버스의 선별과 배제', 3. '김포교통 버스는 더이상 김포에 들르지 않습니다', 4. '평평서울', 5. '도시(간)지하(사이)공간', 6. '잡종도시 서울과 경계부 사이공간의 정치'로 이루어져 있었다. 이 글의 원안은 그중 다섯 번째 챕터에 해당한다. 책의 출판 과정에서 2단으로 이루어져 있었던 기존의 글을 1단 형식으로 정리하였다. 이에 따라 원안에서는 로컬의 맥락을 주로 담았던 2단의 '확장사항'은 부득이하게 삭제하거나 또는 책 후반부의 후주로 배치하게 되었음을 밝혀둔다.

도시 연구자 스티븐 그레이엄(Stephen Graham)이 꾸준히 주장해온 것처럼 지금의 도시 세계는 이차원 지도로만 해석될 수 없다.[88] 지하 대도시의 건조환경은 도시민들을 격자와 흐름에 연결한다. 그러나 많은 이들은 그 흐름을 거의 살피지 않으며 대개 당연하다고 여긴다. 물론 격자는 대도시 내부의 직조된 블록들 사이에서 촘촘하게 나타난다. 그런데 이들은 도시와 도시 사이에서도 (어쩌면 그보다 더) 중요한 역할을 갖는 것처럼 보이기도 한다. 서울과 "주변 도시" 사이에도 상하수도망, 전기망, 가스망, 케이블망, 군용망, 그리고 지하철망 등으로 이루어진, (지상의 도시민에게는) 흔히 보이지 않지만 광활한 지하 대도시가 존재한다. 이들은 도시 형태와 도시 과정[89] 양면에 있어서 서

울의 건조와 작동의 필수 요소다. 그리고 격자와 흐름을 통해 서울 대도시권의 유지와 (재)구조화에 기여하며, 도시권 내 '시공간 압축'의 압축률을 상승시키고 있는 것처럼 보이기도 한다.

그중 특히 지하철은 인간 신체를 이동시키며 일상의 기제로 여겨지기에—그리고 아마도 지상의 도시공간에 가시적 '기호'가 존재한다는 이유에서—'대표적인' 인프라스트럭처로 흔히 제시된다. 어떤 이들은 (서울 대도시권에서도) 지하철로부터 탈지역적인 개념인 비장소[90] 또는 비장소성의 증폭과 전파를 설명하기도 한다. 이와 같은 설명방식은 서울 대도시권의 도시 상상계의 차원에서 지하철의 '시공간 압축'의 역할을 보다 강화한다. 이제 지하철로 연결된 각지가 서울에 의해 보편화되고 획일화된다는 식의 총론까지 구성된다. 심지어 서울이 글로벌 메가시티가 되었다는 것을 근거로, 그곳과 지하철을 통해 밀접하게 된 대도시권의 각지가 비장소로 (재)구성되고 있다는 식의 진단까지도 심심찮게 들려온다. 그러나 이와 같은 총론, 그리고 총론의 단순 적용에 국한된 진술은 부분적이고 제한적인 설명만을 제공할 뿐이다.

여기서 우리는, 서울/인천/경기로 파편화[91]되어버린, 옛 도시의 영역 간 중첩과 침투의 지대[92]가 되어있는, 도시들의 사이공간으로 (재)진입한다. 이곳에서 '도시(간)지하(사이)공간'으로서의 지하철 공간의 특정성은 총론 위주로 구성된 문제계를 의심하도록 만든다. 특히 비교적 근래 구축된 노선의 시간(市間) 경계 지대에서 발생한 한 (단편적인 것이라고 잘못 다뤄졌던) '사고'는 그 중요한 증거 '사건'이었다. 다만 그 '사건'을 논하기에 앞서 그 사이공간에 지하철 노선이 배치되기까지의 복잡한 맥락을 살펴볼 필요가 있다. 이것이 단지 일회적 사고가 아닌 '사건'인 것은 이곳 도시와 도시 사이의 특정한 사회-역사-지리성, 즉 도시 (간) 지하 (사이) 공간의 공간적 특수성과 맞물려 발생한 것이었기 때문이다.

지금의 서울시 강서구와 양천구 일부. 1963년 서울로 편입된 구 경기도 김포군의 영역에는 김포선(철도), 김포가도(도로) 등, 하이모더니스트 공간 '저자들'[93]에 의해 교통 인프라스트럭처가 비교적 일찍 배치되었다. 그런데 그 모빌리티 망은 실상 당대 서울시내 주요 거점(원도심 및 영등포)과 공항을 연결하기 위해 구축된 것이었다. 공항을 기점으로 볼 때, 이렇게 구축된 주요 교통 인프라스트럭처는 서울의 기존 도심이 위치한 동쪽 방향만을 향했다. 물론 이 단계 이후로도 오랜 기간 동안 일대는 공중과 지상에서와 달리 '지하철 세계관'에서는 여전히 세계 바깥으로 남아있었다. 그런데 이는 이후 이곳이 서울의 '지하철 세계관'에 편입되는 과정, 즉 지하철 노선의 구축과 노선망의 확장에 있어서도 유사한 개발 경로를 만들어냈다. 가령 여러 차례 수정된 2기 지하철 계획에서 김포공항역은 서울지하철 5호선의 주요 역의 하나인 동시에 '지하철 세계관'의 한 끝쪽에 위치하는 역으로 일찍이 설정되었으며, 구상이 고수되며 실제로도 그렇게 구현되었다.

더 나중의 일이지만 오늘날 김포공항역이 서울 서부권의 가장 주요한 환승시설 가운데 하나가 된 배경을 이와 같은 개발 경로의 일정한 연장으로 볼 여지도 존재한다. 애초에 지역 거점역이자 환승역의 기능을 염두에 두었던 5호선을 기점으로, 지하철망이 계속하여 촘촘해짐에 따라 김포공항역은 9호선·인천국

제공항철도 등 서울의 3대 도심으로 향하는 전철 노선들의 지하 구간의 중요한 거점역이 되어 갔다. 또한 최근에는 더욱 다변화·다층화된 노선의 환승역인 김포공항역을 주요 거점의 하나로, 김포국제공항과 대기업 계열 쇼핑몰에 이르는 삼각지대가 구축되었다. 그리고 이들 간의 연계가 이루어지는 일종의 지하 도시가 작동하고 있기도 하다.

편입된 세부구역의 서울 내부지역으로의 연결이 지하철을 매개로 강화되었던 것과 달리, 구 김포군[94] 세부구역 간의 단절은 더욱 심화되었다. 담론경관의 표면에서 단절이 도시문제로 재점화된 것은 1990년대 말 김포가 시로 승격하고, 원도심 주변에 중·대규모 택지지구(사우지구, 풍무지구)가 개발되면서였다. 갑작스레 증대된 인구—이들 중 상당수는 서울을 오가는 통근자들과 그 가족이었다—의 이동 수요를 지탱하기에는 김포와 서울을 연결하던 기존 48번 국도(김포한강로 개통 전 노선)는 쉽사리 포화상태가 되기 일쑤였다. 이에 대한 문제의식의 발현은 이후 약 20년이 넘는 기간 동안 이어진 김포시정의 지하철을 향한 계속된 노력 또는 헛발질, 그리고 김포 사람들의 지하철과 관련한 원념의 기점이었다. 이후 전개된 추진과 무산, 확정, 수정, 무산, 재확정 등의 일련의 과정은 극도로 복잡한 것이었으며, 주민과 철도 애호가들이 공유하는 악명 높은 역사로 자리매김하게 된다.

분명한 것은 지하철—정확하게는 이를 통한 서울 도심부와의 지하철 연결을 통한 서울과의 '시공간 압축'—이 김포시 내에서 특히 도시화된 세부구역 주민들과 부동산 소유자들의 (오랜) 숙원이 되어갔다는 점이다. 다양한 공약들의 남발, 중앙

정치와 지역정치(특히 지역 출신의 거물 정치인과 정권, 그리고 각급의 선거)가 맞물려 있던 도시철도 구축의 복잡한 과정은 그 숙원, 그리고 그로부터 비롯된 원념을 추진동력 내지 활용대상으로 설정한 공간 '저자들'[95] 간 지전략의 경합으로 구성되었다. 이를 바탕으로 구상된 수많은 계획이 대개 (오랜 시간 김포의 개발경로와 소비양태가 향하고 있던) 인천이나 일산 방면보다는 서울과의 지하철 연결을 더욱 중점화했던 것으로 미루어 볼 때, 새로 개발된 김포시 지역에 진입한 새로운 인구들은 서울 대도시권으로의 보다 촘촘한 합류를 바라고 있었던 것으로 보인다. 이를 위해 김포는 서울 서부 지하 모빌리티망의 중요한 결절지로 부상하게 된—이제 해당 영역이 과거의 김포군 영역이라는 점은 잘 고려되지 않는다![96] —김포공항을 중요한 환승지나 경유지로 설정함으로써, 김포공항으로부터 촘촘하게 연결된 서울의 도심지들과의 밀접한 관계 맺기를 희망했다. 또한 여전히 희망하고 있다.

물론 개발을 방법으로 하는 도시공간 재구성의 희망은 많은 경우 좌절되고 무산된다. 그럼에도 함께 짚어져야 하는 것은 무산의 배경이다. 여기에는 (공식화됨으로써 많은 이들의 기억에는 더욱 선명하게 각인되어 있는 김포시 내부의 정치와 예산맥락과도 실상 연계되어 있기도 했던) 서울특별시의 반대와 예산지원 거부를 주요한 골자로 작동한 경계짓기의 과정[97]이 중요하게 개입되어 있었다. 지상공간의 '빨간버스'에서 포착되던[98] 행정시계에 근거한 서울의 선별·배제의 정치는, 지하공간의 방향 설정에 있어 더욱 강력하게 작동했다. 가령 사업 타당성과 같은 경제논리 외에도 서울 내부 시민권자의 교통의 질(가령 9호선 서측 베드타운 구간의 혼잡도 증가 우려)이 연장 반대의 근거로 제시되었다는 점은 지하(철) 공간 구축의 논리에 있어서도 반복되었던 선별과 배제의 논리를 잘 보여준다. 이를 앞서 살핀 편입영역-김포공항의 특정 방면 개발에 대한 서울시정의 의지와 비교해보자. 차이는 한편으로 시계 내부(로 편입된) 영역들을 잇는 (지하)망을 더욱 촘촘하게 만들면서, 다른 한편으로 도시 안팎을 오가는 선은 취사하고 제한하는 방식으로 드러난다. 거칠게 말해, 김포국제공항을 경유해 멀리 떨어진 곳에서 비행을 통해 오가는 이들의 서울 출입을 시급히 필요한 차원으로 고려한 반면, 서울시민들과 연접한 '주변 도시'의 사람들이 서로의 영역을 방문하는 것은 '나중에'와 '굳이', 그리고 '남일'의 문제로 치부하고 넘겼던 것이다. 그런 점에서 일대의 지하철망 구축은 서울 지방자치의 님비·핌피 현상과 중심부(수도, 수위도시, 도심지)의 자강 논리가 뒤섞이고 중첩하는 과정이기도 했다.

다음은 김포골드라인 개통 전까지의 김포시의 지하철, 전철, 도시철도 구상·추진과 관련해 앞서 있었던 주요 '사건'들을 연도별로 요약한 것이다. [1997년] 김포읍-김포공항역 경전철 신설 (총연장 10km) 추진. 1998년 착공 및 2005년 개통 목표. [2001년] KDI 타당성 조사 결과 경제적 타당성 부족으로 경전철 안 무산. [2003년] 정부, <수도권 북부 광역교통계획>에서 2기 신도시(한강신도시) 관련 지하철 9호선(또는 5호선) 연장(총연장 21km, 공항~신도시) 추진. [2004년] 건교부의 신도시 규모 축소로 무산되었다가, 다시 신도시 경전철 추진(건교부의 신도시 규모 재확장, 신도시 완공 전 선시공 및 정부재원 투입 등의 배경). 2011년 개통 목표. [2006년] 김포시(강경구 시장), 경전철 추진 백지화 및 9호선 연장 재추진. [2007년] 김포시, 양촌-김포공항간 고가경전철 추진. 정부, 검단신도시-한강신도시

구간으로 9호선 연장 추진. 두 안의 대립에서 지자체의 부정적 반응을 고려해 앞의 안으로 시행 결정. [2010-2011년] 김포시(유영록 시장), 고가경전철 전면 백지화, 9호선 단독연장 추진 및 시비건설 서약(전액 시비 및 신도시 교통분담금 활용안). 4량 1편성 중전철 노선 건설 계획으로 대체 추진(9호선 직결은 포기). 해당 계획은 이후 사업비 절감 및 공사기간 단축 목적에서 2량 1편성에 맞춘 승강장 등 규모 축소. [2012년] 민간투자사업 추진. 지역구 국회의원 반발로 김포시 재정사업으로 최종결정. [2013년] 승강장 규모 축소. 계속되는 유보. 위탁사업자 결정, 2013년 착공 및 2018년 완공 목표. [2014년] 실제 착공. [2018년] '레미콘 파동'으로 인한 공정률 문제로 1차 개통지연. 은폐의혹. 같은 해 서울 지하철 5호선·9호선 동시연장 추진. [2019년] 영업시운전 시 차량 떨림으로 인한 두 차례의 개통 지연을 거쳐 김포도시철도 개통.

축소와 백지화에 의한 좌절과 유보가 반복되며, 서울과 김포를 잇는 도시철도가 실제 운행하게 되기까지는 본격적인 구상이 시작되고부터 20년을 상회하는 긴 시간이 경과하였다. 그러나 이로써 실체화된 23.67km 연장의 결과물(김포 도시철도, 즉 '김포골드라인')은 그 누구도 쉽게 만족할 수 없는 것이었다. 수년 앞서 실제 추진될 수 있었던 것보다 훌쩍 늦어진 것이었으며, 인접 광역자치단체의 경계짓기 및 기초자치단체의 예산한계 등에 의해 기존의 구상안들보다도 심각하게 축소된 것이기도 했기

때문이다. 이는 또한 도시철도 개통 후에도 5호선과 9호선의 연장 등이 계속하여 절박하게 요구되는 원인이기도 하다.[99]

비록 은폐와 절차의 문제가 제기되는 것은 사실이나, 계획의 실현 과정에서 축소는 국비, 도비, 서울시비 등의 지원을 받지 못한 김포시의 사업 예산 문제에 따른 불가피한 선택이기도 했다. 김포골드라인은 <도시철도법> 제정 이후 국비 지원 및 지방채 발행 없이 건설된 국내 최초의 도시철도 사업이었다. 또한 행정 소재상 서울에 속해 있는 김포공항역을 주요한 거점역으로 하고 있었지만 서울시비의 지원은 존재하지 않았다. 심지어 김포시가 행정상 소속해 있는 경기도로부터의 도비 지원도 부재했다(서울특별시 및 인천광역시와만 토지가 연접되어 있는 김포시는 경기도청 직할지역의 공식 월경지이자, 도정 여러 영역의 사실상의 월경지이기도 하다). 이로 인해 김포골드라인은 전례를 찾아보기 어려운 수익자(로 상정된 이들) 100퍼센트 원천부담 노선이 되었다(한강신도시 교통분담금 1조 2,000억 원과 김포시 예산 3,000억 원 투입). 물론 여기에는 잘 알려져 있는 것처럼, 이미 오래 지연된 지하철 건설의 (빠른) 추진과 실현을 위한 김포시정의 확약서 제출과 예비타당성 조사 회피라는 조급한 선택이 결부되어 있기도 했다.

이상의 예산 제약을 주요한 배경으로 하여 당초 구상의 중전철은 경전철로, 열차 편성은 2량 1편성으로 축소되어 갔다. 이에 맞춰 각 역사의 승강장 길이 또한 향후 열차 증결이 어려운 규모로 단축되었다(47m→33m). 역의 개수도 애초 구상보다 감소하였으며(총 10개로 전국 도시철도·광역철도 노선 중 가장 적다), 이로 인해 역간 거리도 벌어지게 되었다. 특히 상행(김포행)선 첫 역인 김포공항역과 그다음 역인 고촌역 간의 거리는 약 5.9km에 달한다. 그리고 시민계와 노동계의 지적에도 불구하고 김포골드라인은 전 노선이 완전 무인운전 전동차 체제로 도입되었으며, 후술할 '사건'의 순간까지도 유지되기도 했다.

이런 식으로 거듭된 축소를 거쳐 개통한 김포골드라인은 열차 증편을 통해 소위 '지옥철'의 타이틀을 떼어내고자 했던 서울지하철 9호선 급행노선을 대신해, 출퇴근 시간대 혼잡도 280%의 기록으로[100] 대표적인 '지옥철'의 불명예를 획득하게 되었다(이와 함께 특기할 사항은 9호선과 골드라인이 김포공항역을 환승역으로 상호 연계되는 노선이라는 점이다). 이와 같은 실태에 대해서는 한편으로 사업 시행자이자 소유자인 김포시의 경우 노선 건설에 전적인 예산을 '쏟아 부었기' 때문에 운영예산 확보능력이 부족하다는 지적이 제기된다. 다른 한편에서는 건설·시설 관리 위탁 사업자인 컨소시엄(한국도시철도시설공단 65%, 서울교통공사 35% 출자)에서부터 위탁운영사인 김포골드라인운영('사건' 시점 기준 서울교통공사 100% 지분 자회사)에 이르는 행위자들이 자기범위 '외부'인 김포시 노선에 대한 개선 의지가 부족하다는 지적도 병존한다. 이런 상황에서 김포시장은 김포골드라인 탑승 체험 후 방송 인터뷰를 통해 "교통이 아니라 고통"이라는 말을 남겼고, 이 말은 몇몇 사람들에게 일종의 밈이 되기도 했다.

'사건'은 일련의 맥락들의 중첩으로부터 발생했다. 코로나19 바이러스의 유행이 한창이던 2020년 12월 21일 월요일, 많은 직장인들의 퇴근 시간이던 오후 6시 32분, 김포공항역을 출발해 고촌역으로 이동하던 3292번 전동차가 비상 정차했다. 퇴근 시간의 높은 혼잡률로 683명의 승객이 불과 두 량의 열차에 나눠 타고 있던 상황이었다.

전동차의 비상 정차는 애당초 부족한 예산만을 확보할 수밖에 없었던 골드라인이 완전 무인으로 운행되고 있었던 관계로, 기계 장애나 화재경보의 발생 시 비상정차하도록 애초에 설계되어 있었기 때문이었다.[101] 다행인 것은 최초에 SNS를 통해 알려졌던 것처럼 실제 열차 내 화재 발생에 의한 것은 아니었다는 점이다. 다만 여기서 우선적으로 드러난 것은 무인 운행 방식의 안전 문제였다. 만약 실제로 화재가 발생한 것이었다고 하더라도 무인 운행 시스템상 화재 여부나 정도를 즉각적으로 실제 확인할 수 없었던 것이다.

'사건'을 본격화한 '공식' 문제원인은 전동차의 기술적 차원, 특히 열차종합제어장치(TCMS) 중앙처리보드(CPUT)의 오류였다.[102] 해당 장치가 제대로 작동하지 못해 비상제동장치가 가동되었고, 뒤따라오던 후속 전동차 역시 멈춰 섰다는 것이다. 이에 대해 담론경관의 표층에서 지적된 것은 부실한 안전 대응의 문제였다. TCMS의 오류는 전원 공급을 마비시키며 관제-객실 간 방송송출을 제약하기도 했다.[103] 이로 인해 승객들은 대응 방안의 마련은 물론 제대로 된 상황 숙지조차 하지 못한 채 한 시간이 넘도록 (코로나19 팬데믹 상황에서, 즉 마스크를 낀 상태로) 사람과 수증기로 포화된 열차 안에서 대기해야 했다. 일부 승객은 호흡 곤란을 호소하기도 했다.

이후 오후 7시 35분. 골드라인 측에서는 비로소 대피 안내 방송과 함께 열차 문을 열고 승객들의 하차를 권고한다.

그런데 우리가 살펴보았던 바와 같이 지방자치단체들 간의 정치적 경합과 자원의 불균등한 배분이라는, 겹겹이 쌓인 맥락은 열차의 시착역인 김포공항역과 바로 다음 역인 고촌역 간의 거리를 국내 경전철 최대 구간 길이인 지하 연장 5.9km로 만들고 말았다. 이는 전체 운행구간 23.67km의 약 1/4에 달한다. 여기에 더해 이야기될 수 있는 것은 이 구간의 수십 미터 위 지상 지표면이 대개 공항 주변의 토지이용규제와 함께 각 도시의 변두리로서, 본격적인 도시화가 진행되지 못했다는 점이다. 사실 이곳은 서울과 "주변 도시" 사이에서 쉽게 목격되는 도시 스프롤(urban sprawl) 현상의 전형적인 사례지의 하나기도 하다. 이에 따라 서울시 강서구 김포공항역으로부터 김포시 고촌읍의 중심부에 위치한 고촌역에 이르는 영역에는 (현실을 바탕으로 미미하리라 예상된 교통량을 이유로, 또한 그 예상을 통해 더욱 두텁게 만들어진 현실을 근거로) 지상으로 향할 수 있는 중간 지점이 구상되지조차 않았다. 그리고 '사건'을 표면에 드러낸 김포골드라인 3292번 전동차의 정지는 운행 출발 직후 발생한 것이 아닌, 상당한 거리의 운행 이후에 발생한 것이었다.

결국 지하 선로는 '사건'으로부터의 유일한 탈출로가 되었다. 열차 내부에서 대기하던 수백 명의 승객들은 처음에는 상하행선 지하 선로 사이에 설치된 좁은 대피로를 따라서, 이어서는 선로에까지 내려가, 김포시 범위 내의 첫번째 역인 고촌역을 향해 수 킬로미터의 어두운 지하세계를 걸어야만 했다.

출처: 뉴스1(2020.12.21).

그런데, 꽤나 느닷없게도 지하철로를 걷는 승객들의 이미지는 모양상 유사하지만 상이한 출처를 가지고 있는 일군의 이미지를 연상케도 한다. 대도시(권) 지하세계로 진입해 발로 직접 걷는 경험은 도시 탐험가들, 이른바 도시해커 집단의 오랜 유희이자 실천이었다. 이들은 지하철로를 비롯한 도시공간 곳곳의 비가시적(정확하게는, 도시의 공식 담론으로부터 비가시화된) 세계에 침투해 도시의 공식 의미망을 교란하는 '낯선' 이미지를 생산했다. 스스로가 도시해커이기도 했던 인류학자 브래들리 L. 개럿(Bradley L. Garrett)은 말한다.[104] "고층건물과 지하 공간 잠입을 통해 우리는 도시의 구조가 수평일 뿐만 아니라 수직이라는 점을 다시 상기하게 되었다". 도시해커들은 지하세계로의 침투를 통해 이례적인 한계공간을 탐험하고자 했으며, 이와 같은 자신들의 움직임이 "도시 거주자들이 방관자가 아니라 적극적 행위자가 되고, 변화의 목격자가 아니라 변화의 주동자가 되어야 한다는 일종의 요구"로서의 실천이라고 주장한다. 이를 통하여 시민 '안전'을 중심으로 구성된 도시 이데올로기를 타격할 수 있다는 것이다.

이미지의 겉모양뿐만 아니라, 스마트폰 카메라의 촬영과 온라인 전파를 통해 지하 현장이 기록되고 공유되며 퍼져나간 것이라는 점에서도 김포골드라인의 중도 하차자들과 도시해커들은 일견 유사해 보이기도 한다. 그러나 김포골드라인의 '사건'에서 (원치 않았다는 의미에서) 졸지에 지하 보행자가 되어버린 승객들의 지하 걷기를 도시해킹의 레이어로 재의미화하고 이야기를 끝마치는 것은—무척이나 유혹적이지만—과잉 또는 과소 해석의 위험을 갖는다. 이들에게 자발성에 기초한 방향 설정과 움직임은 허락되지도 가능하지도 않았다. 또한 '안전'은 정차 이전부터 이미 무인운전 전동차 체계에서 각자가 조심해야만 하는, 애매한 타격점으로 흐려져 있었다.[105] 그렇기에 오히려 이들은 '사건'에 종속될 수밖에 없었다. 막혀 있던 세계를 돌파하는 이동을 통해 도시적 주동자로 스스로의 공간적 위상을 자리매김하는 도시 해커들과 달리, 김포골드라인의 중도 하차자들은 도시(간)지하(사이)공간에 부득이하게 배치되었다. 물론 이때의 배치는 개별적이고 단속적인 '사고'의 좁은 시간에 국한되는 것이라기보다는, 오랜 시공간적 맥락에서 축적된 '사건'에서의 배치였다. 그리고 이렇게 배치된 승객-보행자-몸들은 이제 지하 공간에 갇힌 상태로 도열해 한 방향으로 이동해야 했다.

'사건'은 안전 강조와 비용 절감, 그리고 상충하는 (기존의 담론화된) 어바니즘들의 '틈'에서 발생한 것이었다. 이 시간대 해당 열차의 승객들은 대부분 서울 행정시계 내부에서 출발해 김포 행정시계에 위치한 자택으로 귀가 중이었다. 그러나 출발지의 직장과 목적지인 자택과 달리, 이곳 지하공간은 양측의 행정력이 실질적으로 작동하지 못하는 영역이었다. 이곳의 '사건'에 종속된 승객-지하 보행자들은 도시들의 '사이'에 끼임으로써 양측의 어느 도시로부터도 즉각적으로 보호받지도, 또한 추후 충분할 만큼의 보상 조치를 받지도 못했다. 그런 점에서 이곳은 물리적이고 행정적인 사이일 뿐만 아니라 도시적 권리 구성의 문제에 있어서도 틈에 끼인, 그러므로 실질적으로 양측 모두에게 충분히 고려되지 못하는, 권리와 담론의 공백지대로서의 '사이공간'의 (이것을 낭만화하는 데에 그치는 추상적 담론과는 다른 방식의) 실질적인 현장이었다.[106] [107]

김포공항역에서 열차에 탑승한 골드라인 상행선의 승객들은 분명 서울시내 거점역이라는 확실한 출발지에서 출발하여, 김포시의 도착역이라는 뚜렷한 일차적 목적지(또는 경유지)를 갖고 있는 이들이다(이후 다른 목적지나 경유지로의 이동은 서울 소재의 김포공항역을 제외한 다른 전 역사에 지하철 환승 노선이 존재하지 않는다는 이유에서 지하공간을 벗어난 이후의 일이 된다). 그러나 그와 같은 기대와 달리 지하공간을 걷게 된 경험에 대해 당시의 한 승객은 SNS를 통해 어둡고 답답한 공간감과 똑같은 풍경이 계속되었던 것의 공포를 말했다. 이곳은 도시공간에서 '장소성'을 구성하는 중요한 요소인 로컬의 경관 정보가 실상 갖춰져 있지 않은 모호한 한계공간이었던 것이다.

그렇다고 해서 이 '사건'의 현장을 섣불리 비장소라고 단정하며, 이론을 통해 봉합하는 것은 선부르다. '사건'으로 인해 개방된 지하 공간에는 비장소 개념과 함께하는 매끄러움, 그리고 보편주의가 일절 존재하지 않았다. 배경과 문제 발생, 현장 조치와 후속 조치까지, '사건'은 철저하게 로컬의 울퉁불퉁한 맥락과 연계된 것이었다. 심지어 '로컬'의 외면까지도 극도로 로컬한 것이었다.[108] 서울시의 입장에서 이곳은 서울 시계 바깥에 존재하는 일종의 '암흑공간'[109]이나 그 접경지대에 불과했다. 김포시의 입장에서 이곳은 시정의 실질적인 영향력이 미치는 범위인 '김포섬'[110]에 진입하기 전의 사실상의 월경지에 해당했다. 여기에 김포시 자체가 경기도청 직할지역의 월경지(토지의 연접만을 고려한다면 경기도 자체의 월경지)라는 사실을 덧대어 상기해 볼 수도 있을 것이다. 결국 도시들의 사이공간은 서울이지만 서울이 아닌 곳, 동시에 경기-김포지만 경기-김포가 아닌 곳으로 남게 되었다. 여기에 어두운 지하의 수직적 비가시성이 레이어로 추가된 '사건'에서, 지방자치단체 간의 떠넘김의 혐의는 도리어 더욱 밝고 선명하게 드러났다.

이처럼 장소와 비장소의 방법론적이고 인식론적인 논쟁에 있어 어느 한쪽의 총론도 맥락이 겹겹이 쌓여 발생하게 된 '사건'을 설명하기에는 완전한 우위를 점하지 못한다. 각론에 해당할 실제 공간들을 구성하는 도시 과정과 형태는 총론으로부터의 매끈한 단순 적용보다는 각론 고유의 '잡종적' 맥락을 중점화함으로써 찾아질 필요가 있다. 즉, 모델과 같이 추상적이며 그렇기에 거의 모든 공간의 성질들을 설명할 수 있을 듯한 설명방식의 보편 총론—혹은 그 총론을 현실에 적용하는 데에 그치는 각론의 전개 방식—은 실제 도시공간을 구성하는 잡종적 존재와 그것에 대한 각론으로서의 잡종적 이야기들로부터 의심될 수 있다. 또한 의심되며 다시 쓰일 수 있어야 한다.[111]

이동하는 신체, 움직임 속의 감각

신지연

이 글은 한국의 서울과 네덜란드의 네이메헌(Nijmegen)에서의 자전거 타기에 대한 짧은 자기 기록이다. 모빌리티(mobility)에 대한 관심을 촉발시킨 때는 "머물러 있음이 상당히 부정적으로, 후퇴로, 사회계층을 올라가는 데 장애가 되는 것으로 간주"[112] 되던 코로나19 팬데믹 발발 4년 전 즈음이었다. 이 글을 쓰는 2021년은 오히려 움직이는 것이 상당히 부정적으로 여겨지고 있는 시기이기에 나는 자연히 몇 년 전의 기억을 계속 꺼내 본다.

나는 교환학생 신분으로 6개월 정도를 네이메헌이라는 네덜란드의 한 대학 도시에 머물렀다. 네이메헌은 이후 유럽녹색수도(European Green Capital)로 지정될 만큼, 또 자전거를 많이 타는 네덜란드에서도 자전거 타기 편리한 도시로 유명한 곳이었다(네이메헌에는 'Velorama'라는 자전거 박물관도 있다). 나는 코로나19 등장 이후의 세상에서 지금 이 글을 쓴다. 왜 갑자기 자전거에 대해 쓰고 싶어졌는지 생각해보면, 자전거가 코로나19로 인해 이동 경험이 크게 변하지 않은 수단이어서가 아닐까 생각한다. 물론 마스크를 하고 자전거를 타면 이전보다 숨이 빨리 차고 날벌레가 콧속으로 들어오지 않으며, 풀 내음도 잘 나지 않는다는 차이는 있다.

네덜란드, 특히 내가 살던 네이메헌은 사람들 대부분이 자전거로 움직이기 때문에 도착하자마자 가장 먼저 한 일은 자전거를 사는 것이었다. 내가 자전거를 타 본 경험은 가족들과 집 근처 혹은 광주의 호수공원에서 한두 시간을 탄 게 다였다. 처음에는 자전거를 꼭 사야 할까 잠시 망설였지만 집에서 자주 이동할만한 역과 학교, 중심가까지 구글맵으로 검색했을 때 자전거를 타는 것이 압도적으로 빨랐고 중고 자전거가 예상보다 훨씬 저렴해서 6개월 치 버스 비용과는 비교가 안 됐다. 다행히 오리엔테이션을 돕는 멘토들이 자전거 구매에 함께 해주기로 했고 우리는 도시의 중고 자전거 판매점을 돌며 마음에 드는 자전거를 찾기 시작했다. 지금은 어떨지 모르겠으나 당시 네이메헌에서 아시아인은 매우 드물었고 162cm인 성인을 위한 자전거를 찾기란 쉽지 않았다. 사실 신장 그 자체보다도 한국에서 타던 자전거와 다르게 네덜란드의 자전거는 안장이 꽤 높아 타기 쉽지 않았다. 거기다 손으로 작동하는 브레이크 대신 페달을 뒤로 밟아 사용하는 브레이크가 장착된 자전거가 많았는데 내가 익숙하지 않은 것이었다. 자전거 양식도 이토록 다를 수 있다는 것을 그때 처음 알았다.

결국 나는 청소년들이 타는 더 작은 크기의 자전거를 구매했다. 성인용을 탈 수도 있었지만 자전거 타기에 익숙하지 않았던 나는 사장님과의 대화 끝에 결정을 내렸다. 갑자기 모든 생활을 네덜란드어와 영어로 해야 하는 것보다 모든 이동을 자전거로 해야 하는 것이 더 낯설었다. 네덜란드의 자전거 교통 규칙과 주차장 이용 방식을 배워야 했고, 안전등을 비롯한 자전거 용품을 사야 했다. 대부분 유럽 출신이었던 같은 조 친구들은 자전거를 타고 이동하는 것에 익숙해서 오리엔테이션 동안 나를 항상 기다려주었다. 내가 한국의 자동차 중심적인 광역시에서 성장해서인지는 모르겠지만 나만 빼고 모두 자전거에 익숙하다는 사실이 때론 믿기지 않고 부끄러웠다. 그나마 다행인 것은 대부분 자전거 전용 도로가 있었고 운전자와 걷는 사람들 모두 자전거를 항상 배려해주었다. 이 사람들도 다른 때에는 자전거를 타기 때문에 어떻게 배려해야 하는지 더 잘 아는 듯했다.

6개월 정도가 지났을 때 나는 한 손으로 음악을 고르면서 자전거를 타는 허세를 부릴 수 있는 지경이 되었다. (지금은 자전거 주행 중 전자기기 사용이 전면 금지되었다.) 처음에 네덜란드인 친구가 "자전거는 일종의 내 몸이기도 해!"라고 말했을 때, 속으론 과장이라고 생각했지만, 단 6개월 만에 나에게도 일종의 신체 혹은 집처럼 느껴졌다. 그곳 사람들이 '자꾸(자전거 꾸미기)'에 집착하는 것을 처음엔 이해하기 어려웠지만 이동 시간의 대부분을 함께하는 이동 수단이 되니 자꾸 자전거 용품을 사는 것에 집착하게 되고 큰 자전거 주차장에서 내 자전거를 찾을 수 있는 표시를 하고 싶어졌다. 자전거 용품뿐만 아니라 비가 올 때도 탈 수 있게끔 방수가 되고, 모자가 있는 겉옷들을 사기 시작했다. 이후 자전거를 다시 되팔 때, 그리고 되팔고 나서 다시 네이메헌을 버스로 이동할 때 나는 큰 허전함을 느꼈다.

다시 서울에, 광주에 돌아와 자전거 타기가 나에게 줬던 즐거움과 해방감에 대해 계속 생각했다. 이동 수단을 타는 행위를 이렇게 그리워할 수도 있나? 그래서 인터넷에서 자전거 타기에 대한 자료들을 찾아보기 시작했다. 흥미롭게도 "Dutch Cycling Embassy"와 "Bicycle Dutch"라는 사이트에서는 자전거 타기에 관한 자료를 수집하고 있었다. 이곳에는 자전거 타기가 주는 다양한 이점이 소개되어 있었는데 저렴하다, 환경에 좋다, 자동차 공간을 축소 시켜 공공 공간을 개선할 수 있다, 자동차 소음을 줄일 수 있다, 운동 효과가 있다, 시간을 절약한다, 교통 사고가 줄어든다, 소비를 촉진시킨다 등 개인과 사회에 자전거 타기가 어떤 이익을 주는지 통계를 통해 확인할 수 있었다.

그중 이동 방식에 따라 인지된 스트레스와 행복감이 어떻게 다른지 분석한 한 심리학 연구[113]는 자전거 사용이 가장 강력한 긍적적 결과를 보여주었다고 주장하는데, 가장 흥미로웠던 부분은 자전거 타기가 사회적 접촉을 증대시킨다는 것이다. 길 위의 다른 자전거 이용자들과의 접촉과 갈등을 중재하면서 일종의 상호작용이 발생하며 이는 인지된 외로움에도 영향을 끼친다는 것이다. 이는 자동차와 대비시켜보면 쉽게 알 수 있는데, "자동차 모빌리티는 사람을 가두고 운전자를 도로로부터, 서로로부터 소외시키는 반면에 자전거 모빌리티는 서로를 더 접촉하게 한다."[114] 자전거 타기는 그 자체로 공동성과 집단성의 형태를 포함하는 예이며, 아주 사회적인 활동인 것이다. 자전거 이용자가 사이클리스트(cyclists)라는 자기 정체성을 형성하는 데에는 이러한 사회적인 활동의 영향일지도 모른다.

모바일 비디오 기술지(Mobile Video Ethnography) 방법을 사용한 폴 맥킬베니(Paul McIlvenny)의 연구[115]도 이미지와 사람들의 대화를 통해 이를 잘 드러내는데, 자전거 타기가 상호작용 위에서 이루어지고 있으며, 자전거 타는 사람들의 움직임이나 실천이 공동의 정동을 생산함을 보여준다. 움직임 속의 감정들(emotions-in-motion)은 여러 사람, 자전거들, 역사적으로 형성된 자전거 문화와 지리적 상황 사이에서 형성되는 정동 순환의 결과인 것이다. 또한 자전거 타기는 "이동적 신체와 환경 사이의 현상적·물리적 단절을 극복하는 수단"[116]이다. 자동차나 여타 대중교통과 다르게 자전거는 항상 날씨와 환경에 대한 다감각적 인식을 제공하며, 자전거 운전자는 공기와 날씨의 세계, 장소의 타이포그래피(typography)에 거주한다.[117] 이러한 것들은 일종의 매체적 감각을 부여할 수 있으며, 자전거 이용자들은 이를 감각하고 몰두한다.

또한, 자전거 타기는 버스나 지하철을 탔다면 가지 않았을 곳을 누비게 했다. 자전거를 타다가 우연히 발견한 작은 숲과 호수들은 나를 좀 더 멀리 다른 곳으로 가게 했고, 이러한 경험은 '걷기'를 통해서는 비교적 불가능했을 경험이었다. 나는 해외에서는 주로 구글맵을, 한국에서는 카카오 지도를 이용하는데, 걷기나 대중교통을 이용하는 경우 계속해서 어플을 주시하면서 이동 경로를 탐색하고 이동 시간을 확인한다. 이는 정확도와 편리성을 부여하지만, 디지털 지도가 원하는 방식으로 이동하게 될 확률이 높다. 예를 들어, 내가 걷다가 지도를 통해 근처에 숲이 있다는 것을 확인해도 소요 시간을 보고 포기할 가능성이 높다. 그러나 자전거를 타면 보통 대략적인 경로를 파악해놓고 길을 떠나거나 구글맵 음성을 켜고 가는 경우가 많았는데 이럴 때 단기적인 음성 경로를 들을 뿐 시각적으로 계속해서 무언갈 확인할 수는 없다. 갑자기 경로를 바꿔도 멈추지 않으면 소요 시간을 확인하기 어려우며, 설령 시간이 많이 소요된다고 하더라도 자전거가 걷기보다 더 빠르기 때문에 부담이 덜하다. 이렇듯 직접 나의 신체를 역동적으로 움직이고 또 공간에 맞춰 조절해갔던 경험은 생생한 감각으로 나의 신체에 남아있다. 자전거 타기를 통해 느낀 길 위의 여러 존재들과 장소와의 연결감이 부여하는 소속감과 즐거움에 대해서 종종 생각한다. 그리고 내가 그리워했던 것은 이 모든 것들의 총체였음을 확인한다.

하지만, 네덜란드에서 자전거 타기가 늘 즐거움만을 주었던 것은 아니다. 몇몇 이들은 내 자전거를 가로막기도 했는데, 한 번은 한 어린아이가 자전거 쪽으로 뛰어와 급하게 멈춘 적이 있다. 짓궂은 장난이라고 생각하고 처음에는 웃었지만 아마도 인종차별적 발언이었던 것 같은 말을 하면서 이상한 표정을 지어서 황급히 달아나기도 했다. 조금 늦은 저녁에 중심가를 달릴 때면 자전거를 타고 있음에도 "니하오"나 "곤니찌와" 같은 인종차별적인 말을 들어야 했다. 서로를 더 접촉하게 하는 자전거 모빌리티는 이렇듯 나에게 단점으로 다가올 때도 있었는데, 자전거를 타는 나와 공간의 관계는 이렇듯 매우 상황적이다. 하지만 동시에 나는 걷고 있지 않았기 때문에 이들로부터 빨리 달아날 수 있기도 했다. 나는 이후 몇 번의 경험을 통해 자전거 모빌리티를 방해받지 않는 경로를 탐색하고 발견했다. 흥미로운 점은 '아시아인 여성'으로 위치 지어진 네덜란드뿐만 아니라 내가 지금 사는 서울에서도 불쾌한 경험을 할 때가 있다는 점인데, 나의 실수가 있었든 없었든, 지나가며 고함이나 원치 않은 조언을 들은 적이 있다.

사실 나는 네덜란드에서의 강렬한 자전거 체험을 서울에서도 이어가고 싶었다. 그러나 서울은 내 생각보다도 훨씬 자동차 중심적이고, 언덕이 많았고, 자전거 도로와 주차장이 미비했으며, 심지어 자전거 도로와 인도와의 경계가 매우 흐렸다. 분명 자전거 도로를 달리고 있음에도 보행자에게 양해를 구하고 지나가야 하는 경우가 다반사였으며 자동차 운전자, 보행자, 다른 자전거 운전자의 무시 경향 때문에 불쾌했던 경험도 많다. 이는 나만의 경험이 아니었는지, 최근 서울환경운동연합이 서울시 자전거 도로 실태조사를 한 바에 따르면, 서울의 자전거 이용자들은 '자전거 도로 없음'과 '자전거 도로 불법 주정차'를 주된 문제로 꼽았다.[118] 무엇보다도 자전거 도로가 없으면 한국에서 원칙적으로 자전거 이용자는 차도를 이용해야 하는데, 서울에서 차도 위를 자전거로 타는 것은 너무나 공포스러웠다. 피터 애디는 자전거 모빌리티가 "더 응집력 있고 사회적인 도시의 직조 내에서"[119] 일어날 수 있다고 지적한다. 모든 도시가 자전거 친화적일 수는 없으며 여전히 많은 도시는 자동차 지배적이지만, 서울은 어떤 이유로 자전거 타기 안 좋은 도시인지 생각해볼 필요가 있다. 자전거 타기를 방해하는 구체적인 도시 환경을 좀 더 들여다볼 필요를 느낀다. 같은 '자전거 타기'일지라도 어떤 사회 환경에서 수행하느냐에 따라 우리는 전혀 다른 감각을 느낄 수밖에 없다. 팀 잉골드(Tim Ingold)는 열린 공간에 산다는 것은 닫힌 표면에 갇혀 사는 것이 아니라 매질(媒質, medium)의 흐름과 바람과 날씨의 끊임없는 움직임에 몰입하는 것이라 말한다.[120] 우리는 끊임없는 움직임에 몰입할 수 있는 열린 공간에 살고 있는지 물음을 던질 필요가 있다.

나는 내 경험을 통해 자전거와 결합한 이동하는 신체(mobile body)가 어떤 신체 기술을 낳고, 어떤 정동이 생산되는지에 대해 짧게나마 기록하고 싶었다. 그리고 자전거 타기가 걷기, 자동차, 대중교통 이용과는 또 다른 방식의 몰입과 실천을 낳으며, 자전거라는 이동 수단을 통해 도시 환경의 차이를 감각할 수 있음을 말하고 싶었다. 이동이 세계와의 교류 방식이자 매우 구체적이고 정동적인 실천임을 다시 떠올린다. 그리고 인간과 자전거, 차가 협동적으로 머물 수 있는 건조환경을 어떻게 구성할 것인지, 조금은 광범위한 질문을 상상해본다.

3부 모색

떠도는 이들은 어떻게 잊혀졌는가?

신지연

모든 일은 점처럼 세계에 기입되고, 점들은 때론 혹은 항상 연결성을 지닌다. 우연히 '무등산 타잔 박홍숙 사건'을 들었던 일, 모빌리티 세미나에서 하가르 코테프(Hagar Kotef)의 책을 함께 읽었던 일, 전국장애인차별철폐연대 박경석 대표와 이준석 전 국민의힘 대표의 이동권 토론을 시청한 일, 집단 수용시설 실태에 관한 정부의 용역 연구 결과에 관한 뉴스를 본 일. 이런 일들이 모여 이 글을 쓰게 됐다.

기억 속에서 사라진 민주화운동의 주역들과 민주화 과정에서의 폭력을 드러내고자 하는 작업은 지속되고 있으며, 여기서 시도하고자 하는 것은 이동성의 관점에서 민주화운동에 관한 몇몇 사실들을 다시 한번 되짚어 보는 것이다. 그렇다면 왜 이동성인가. 몇몇 연구에서 도시빈민/고아/넝마주이 등은 민주화운동의 잊힌 주역으로 등장하고 연구되어왔다. 나는 이러한 연구물을 읽으면서 이들 집단의 세부적인 특성과 운동 당시의 역할을 조금씩 달랐을지언정, 무질서하게 이동할 수밖에 없었다는 공통점이 있다는 생각이 들었다. 이들이 잊힌 이유를 사회경제적 지위나 언어의 문제가 아니라 (혹은 이 두 문제에 포함될 수도 있는) 이동성의 문제로 바라본다면 다른 어떤 이야기를 할 수 있지 않을까, 4.19혁명과 5.18민주화운동을 경유하여 이야기해보고 싶었다.

이스라엘/팔레스타인 문제를 연구하는 코테프[121]는 자유와 폭력이라는 서로 다른 동전의 양면이 모빌리티 지점에서 만난다고 지적한다. 즉, 이동의 자유는 다양한 방식으로 폭력의 형태와 얽혀 있으며, 일부가 누리는 이동의 자유는 다른 이들의 퇴거를 의미한다. “자유에 대한 우리의 계산서 안에는 그것이 수반하는 폭력과의 계약이 함께 담겨 있다는 것이다.”[122] 자유주의 계보를 추적하는 코테프는 고전적인 자유주의 주체가 질서 잡힌 자유 개념을 허락하는, 즉 자신의 구획된 공간과 움직임을 일정 부분 조절하고 자제할 수 있는 자라고 설명한다. 자유주의 사상 아래 자신의 이동을 통제할 줄 아는 자들과 타인이나 국가에 의해 이동이 방해받거나 혹은 이동이 너무 과도해서 지배하기 어려운 자들은 대비된다. 코테프가 제임스 스콧[123]을 소환하여 말하듯, 국가는 늘 ‘돌아다니는 사람들’의 적이었다. 운동은 정치적으로나 인식론적으로나 안정성이라는 배경 아래에서만 바람직한 것으로 인정되며, 따라서 너무 정체되어 있거나 지나치게 이동하는 사람들은 바람직하지 못한 자들이 된다.

대학생들이 이승만 정권을 붕괴시킨 사건으로 기억되는 4월 혁명의 주역에 고학생과 도시하층민도 있었음을 지적하는 오제연[124]은 당시 대학생도 도시하층민의 행동을 ‘파괴’와 ‘혼란’으로 인식했다고 말한다. 스스로를 장차 나라를 이끌어갈 ‘엘리트’이자 ‘혁명의 주체’로 인식했던 대학생들은 이승만 하야 직후 질서 확립을 위한 수습 운동에 적극적으로 나섰다. 도시하층민들은 이승만 정권의 독재뿐 아니라 당시의 경제적 어려움에 대해서도 반발했으나, 대학생들은 이를 인지하면서도 공동체의 질서 확립을 더 중요시했다. 여기에는 1950년대 국가의 학원 통제 아래 성장했던 대학생들이 지니고 있던 ‘체화된’ 규율과 1959년 이승만 정권이 조봉암 진보당 당수를 법살한 사건, 1960년 4월 혁명 내내 시위를 공산주의자의 사주 내지는 북한의 침략 기회로 몰아붙였던 정권의 영향이 있었다. 지식인과 언론은 지속해서 도시하층민의 시위를 과격한 것으로 비난하고 학생들의 '질서정연한' 시위와 구별했다. 간혹 "'양아치'도 이 나라의 아들딸들이다"[125]와 같은 칼럼[126]이 실리기도 하였으나, 도시하층민들의 행동은 언어를 갖지 못한 채 잊혀갔다.

함께 운동에 참여했음에도, 왜 이들은 무지와 불량, 비합리성을 이유로 운동의 '타자'로 취급당할 수밖에 없었을까. 이를 사회문화적 자본이나 언어의 문제로도 해석할 수 있겠으나(이 책의 12장을 함께 참고), 이 글에서 나는 이 구분의 기준에 '이동을 자제할 수 있다는 믿음'의 여부가 중요하게 작동하고 있다고 주장한다. 일정한 공간(토지)과 재산을 가져 정착과 이동을 균일하게 조절할 수 있는 자가 아닌, 과도한 이동을 할 수밖에 없거나 할 가능성이 큰 자들은 마치 도덕적 결함이 있는 것처럼 여겨지는 문제에 대해서 말이다. 이는 현재를 근거로 한 판단일 수도 있으나, 미래에 안정적인 이동성과 공간을 가질 수 있을지에 대한 잠정적인 여부도 강력하게 작동한다.

1970년대로 넘어가서, '무등산 타잔 박흥숙 사건'을 떠올려본다. 광주 민주화운동이 일어나기 3년 전인 1977년 4월, 광주시 철거반원들 7명 중 4명이 무등산 덕산골(속칭 무당골)에서 살해당하는 사건이 발생한다. 언론은 제단을 차려둔 집을 태우려 하자 돈 많은 무당의 아들이 난동을 부렸다며 사건 동기를 왜곡했고, 박흥숙에게 '무등산 타잔'이라는 별칭을 붙였다.[127] 당시 무등산에는 호랑이 같은 산짐승이 나온다는 소문이 있어 호신

용으로 만들었던 총도 철거반원들을 기겁하게 했다. 그러나 이 사건을 제대로 이해하기 위해서는 1970년대 광주의 맥락과 무등산의 지리적 위치를 좀 더 이해할 필요가 있다.

1970년대는 고아, 부랑자, 넝마주이 등 무연고자들에 대한 폭력이 확산하였던 시기였고, 이 사건의 배경에는 도시개발계획과 도립공원종합개발계획이라는 맥락이 있었다.[128] 광주시는 1967년을 시작으로 여섯 차례에 걸쳐 도시 계획을 진행하였는데, 이러한 계획들이 폭발적인 인구 증가를 해결하는 데 한계가 있자 '도시재개발', '개발제한구역' 제도와 같은 부가적인 국가 사업이 만들어진다. 도시재개발의 경우 주택건설촉법 및 주택개량촉진에 관한 임시 조치법을 만들어 '불량지구'의 제거를 목표로 했다. '불량지구' 거주자들을 이주시키는 강제 철거법은 1980년대까지 이어졌다. 이러한 맥락에서 외곽으로, 산속으로 밀려나는 사람들이 생길 수밖에 없었다. 거기에 대도시의 성장과 인구 과밀을 억제하기 위해 시행된 '개발제한구역' 제도에 의해 광주시의 약 71.5%가 개발제한구역으로 지정되면서 제한된 부지에 인구가 급증하게 되었다. 무등산의 "무등(無等)"은 등급이나 차별이 없다는 의미로 해석되곤 한다. 광주 북구와 동구, 전라남도 화순군과 담양군에 걸쳐 있는 해발고도 1,187m에 달하는 무등산은 광주 도심과 매우 가까운 것이 특징이다. 그러니까, 광주시의 상당 부분이 개발제한구역이 되었을 때 사람들이 가까운 무등산으로 움직였던 것은 자연스러운 일이었을지도 모른다. 박홍숙이 있었던 덕산골에도 당시 20여채의 무허가 건물이 있었다. 문제는 박홍숙이 거주하던 무등산 움막이 해발 100m 이상의 도심 고지대에 위치하여 도시계획에 위반되었고, 전국의 다섯 개 산을 도립공원으로 지정하여 관광지로 개발하는 과정에서 확정된 "무등산도립공원종합개발"(1974년)에도 문제가 됐다는 것이다. 20여 채의 가구들은 당시 관계법령에 의해 '무허가 주민'이자 '정화대상'이 된다. 더욱이, 당시 광주는 지방 최초로 1977년 10월 전국체전 개최를 앞두면서 도시 '미화'에 전력을 다하고 있었다. 전국체전을 위해 박정희 대통령의 광주 방문이 예정되어 있었는데, 도립공원으로 지정된 무등산을 방문할 가능성이 높았다는 점도 '정화사업'에 힘을 실었다.

넝마주이와 같은 부랑자들은 일제 시기부터 국가의 관리대상으로 간주되었고 수용시설에 보내지곤 했지만, 근로재건대라는 이름으로 집단 수용을 본격화하기 시작한 것은 1960년대 박정희 정권 때의 일이었다. 이러한 명칭은 1979년에 자활근로대라는 이름으로 재편되고 강제 이주된 넝마주이들은 집단거주지를 형성하게 된다.[129] 광주시정 또한 이 시기에 새마을재건회(넝마주이)의 실태를 조사하고 집단 수용 작업에 착수했는데, 수용 시설은 도시 미관, 공중위생, 주민 여론을 고려해 외곽으로 통합 이전하기로 결정했다. 1979년 9월에 자활근로대가 발족했고, 1980년 4월 27일부터 운암동 일대에 넝마주이들을 강제 수용하기 시작했다. 통합 수용시설 예정 부지는 원래 서구 유촌동이었으나 주민들의 반대로 운암동으로 변경되었는데, 외곽에서도 기피 대상이었기 때문이다.[130]

박흥숙의 움막이 불탄 것이 1977년, 자활근로대 발족이 1979년, 넝마주이 강제 수용이 1980년 4월의 일이다. 이제 1980년 5월을 생각해본다. 도시빈민, 고아, 넝마주이, 강제 수용된 사람들은 어떤 시간을 보냈을까. 자활대원들은 시설에서 출입을 금지당해 5.18 당시 학살을 피할 수 있었다는 이야기도 있었으나, 증언에 따르면 자활대에서 맡은 역할이나 거주 형태에 따라 일부 사람들은 외부 출입이 가능했던 것 같다.[131] 또한 운암동에 수용된 인원은 새마을재건회 인원의 37% 정도였으므로, 수용되지 않은 넝마주이들이 더 많았고, 이들은 운동에 참여할 수 있었을 것이다.[132] (나는 이 글을 쓰면서 1980년 12월 24일에 사형당한 박흥숙도 일련의 사건을 겪지 않았다면 민주화운동에 참여했을까 하는 생각을 했다. 어머니와 동생 박정자씨는 당시 밥을 해서 도청에 날랐고, 2007년 제1회 오월어머니상을 받았다.) 이정선은 계엄군과의 충돌 장소가 넝마주이들의 일터 및 거주 공간과 겹친다는 점을 지적한다. 이는 유동인구가 많은 광주역, 금남로, 버스터미널에서 일하던 구두닦이들과 같은 이들이 비교적 일찍 시위 소식을 듣거나 목격했을 것이라는 점을 말해준다. 도시 빈민들은 더 일찍 일터나 거주지가 피해를 보았을 수 있고, 이러한 생활 공간에서의 경험은 이후 시위 참여의 계기가 되었을 수 있다. 또한 일이나 고향(주로 전라남도 일대)을 매개로 한 인적 네트워크는 전남 일대로 가 무기를 탈취하고 차량 가두 시위를 할 때 영향을 미쳤는데, 특히 공동 숙박과 취사를 했던 넝마주이들은 돈독한 네트워크를 지니고 있어 시위를 도왔을 수 있다.

4월 혁명 때와 마찬가지로 5.18민주화운동 당시에도 운동 주체들의 내부 갈등이 없었던 것이 아니다. 1980년 5월 25일 전남도청 회의실 2층 강당에서 시민수습대책위원으로 활동했던 윤영규씨는 30여 명의 무장 시민군들에게 무기를 반납하자고 설득했던 것을 회상한다. "야, 제발 좀 너희들 때문에 광주 시민이 폭도라는 누명을 쓰게 됐으니까, 너희들만 무장해제를 해준다면 문제는 끝나겠다."[133] 무장해제를 부탁하는 윤영규씨의 말에 무등갱생원[134] 출신 시민군은 이렇게 답한다. “여보시오! 당신만 애국자요? 우리도 애국 한번 합시다.”[135]

“우리는 무등갱생원에서 나온 사람들이오. 당신들은 총을 반납하고 돌아갈 집이라도 있소. 그러나 우리는 총을 반납하고 나면 돌아갈 집은커녕 밥 한 끼 얻어먹을 데도 없소. 그런데 이제 끝났으니 느그들 돌아가라 하면 우리는 어디로 가야 합니까? 당신들도 아다시피 갱생원은 공수의 포위선을 넘어야 합니다. 솔직히 우리는 총을 가지고 있어야 밥이라도 한 끼 얻어먹을 수 있습니다. 오갈 데 없는 우리에게 총을 달라는 말은 죽으라는 이야기하고 같습니다. 차라리 죽으라면 싸우다 죽겠습니다.”[136]

총기회수를 두고 엇갈리는 주장에 대해 이정선[137]은 신념을 차치했을 때, 이들이 생활했던 공간의 차이가 중요하게 작동했을 것이라 주장한다. 당시 외곽으로 철수했던 계엄군은 재진입을 시도하는 상황이었고, 5월 21일 이후 외곽에서는 통행자들을 향한 계엄군의 무차별 발포와 학살이 시작되었다. 이렇듯 충돌 가능성이 상대적으로 높았던 외곽 지역의 일부는 도시에서 밀려난 하층민의 거주 공간과도 겹쳤을 것이다. 더불어, 이정선은 이들 중 상당수가 주민등록증이 없었던 점도 지적한다. 주민등록증 없이는 공수부대의 검문에 걸렸을 때 고정간첩이나 불순세력이 아님을 증명하기 어렵기 때문이다. 즉, 시위가 끝나지 않으면 시내에 있었던 이들이 외곽의 거주지로 돌아가기 어려운 상황이었다. “도시 빈민의 무장항쟁 참여는 이들의 선도성 또는 폭력성의 발로이기보다는 정황의 산물일 수도 있다.”[138] 이정선이 지적하는 ‘정황’은 돌아갈 수 있는 ‘안전한 공간’이 없다는 사실과 주민등록증 없이는 이동 자체도 현실적으로 어렵다는 사실이 혼재된 것이었다. 실제로 무연고자 비율이 높은 '부랑자'들은 남파 간첩이라는 의혹을 받기도 쉬웠거니와 항쟁 이후 행방불명, 학살되었을 가능성 또한 높고 이러한 사실들이 기록되기도 어려웠을 것이다. 대다수의 경우에 우리는 기록되는 과정을 거쳐야 이동할 수 있다.[139] 동시에 우리는 등록되어야 '온전한 시민'으로 인정받을 수 있는 사회에 살고 있다. 어떤 이들은 등록된 자가 아니었기 때문에 돌아갈 수 없었고, 등록되지 않았기 때문에 기록될 수도 없었다.

광주에 살면서 학교나 집, 전시관 등에서 5.18민주화운동에 관한 여러 이야기를 들었지만, 고아, 부랑자, 넝마주이에 관한 이야기를 제대로 들은 것은 영화 <김군>(2018)을 봤을 때였다. 공적으로도 사적으로도 이들 존재와 역할이 잘 이야기되지 않았기 때문이었을 것이다. 여러 연구를 참조하는 과정에서 나는 떠돌았던 이들이 자신의 의지와 상관없이 집단수용시설로 보내지거나, 혹은 도시에서 점점 바깥으로 밀려 나갔음을 알 수 있었다. 슬픈 공통점이었다. 떠돌았던 몇몇 이들은 자신의 이주 경력이나 이동을 많이 하는 직업적 특성(쓰레기 수거, 구두닦이 등)으로 인해 민주화운동에서 중요한 역할을 했음에도 '바람직하지 않은' 이동성을 지녔기 때문에 기록되지 못했다. 운동 주체들 내부에서도 이들은 손쉽게 경계 대상이 되곤 하였다. 기록은 가해자 편일 뿐만 아니라 피해자 중에서도 이름 있는 자들의 편이었다.

코테프의 말을 다시 떠올려보자. 움직임은 안정성이라는 배경 아래 바람직한 것으로 인정된다. 정체될 수밖에 없거나 지나치게 이동하는 사람들은 바람직하지 못한 자가 된다. 이 글에서는 주로 '지나치게' 이동할 수밖에 없었던 사람들에 대해 다뤘지만, 사회는 정체된 자들도 의심의 눈길로 본다. 고아나 넝마주이가 아님에도 역이나 터미널에서 늦은 시각에 이유 없이 배회한다는 이유로 수용 시설에 끌려갔다는 기록[140]을 떠올렸을 때, 바람직함은 찰나의 움직임으로 쉽게 판단되기도 했다. 언젠가 누가 내게 정주와 정체의 차이는 무엇이라 생각하느냐고 물었다. 둘 다 한곳에 머물러 있다는 의미를 공유하지만, 나는 사회가 움직이는 속도와 방향에 부흥할 수 있는지, 조절할 수 있는지의 차이가 존재한다고 생각했다. 이는 어떤 움직임이 '지나치게 과도하다'는 판단에도 유사하게 적용된다. 이 사회가 제시하는 속도와 방향에 대해 생각해본다. 그리고 그것에 부응하지 못하는 사람들을 떠올려본다.

김영대

자율성에 관한 오랜 논쟁은 행위를 하는 주체의 편과 주체를 제약하는 구조, 환경에 관한 논쟁으로 수렴하곤 한다. 우리는 스스로의 선택과 결정, 행동에 대해 완전한 자기 결정권을 갖지 못한다. 우리 행위의 원인은 주체의 바깥에서 주체를 제약하는 무의식, 언어, 유전자, 사회적 관계의 앙상블 따위의 결과이다. 하지만 테이블 건너 편에서는 이런 의견도 나온다. "우리는 완전히 패턴을 반복하지는 않는다. 모든 행위의 원인이 주체의 외부에 있는 것만은 아니며 구조는 완전한 제약이 아니다. 그러므로 우리는 구조를 변혁하고 주체성을 혁신해야 한다."

위 이야기에는 주체와 배후의 구조라는 두 개 행위자가 등장하는데 후자는 전자를 포함하는 어떤 풍경이고 배경이며 공간적 역량을 가진 것처럼 나타난다. 주체는 배후의 구조에 속해 행위역량을 조정 받는다. 그로부터 다음과 같은 이야기들이 만들어진다: 뇌 발달 구조의 성차 때문에 남성은 공간 지각 능력이 뛰어나며 신화들은 인간 종 보편적인 무의식 구조에 따라 조립된다.

행위하는 것과 그것의 배경이라는 공간적 은유는 아주 인기가 많은 도식이어서 게임을 이야기 할 때도 반복해 등장한다 플레이어는 인터페이스, 알고리즘, 레벨디자인 따위에 둘러싸여 있으므로 그의 모든 선택은 이미 계산된 행위 공간 속의 행위에 지나지 않는다. 혹은 그는 일개 소비자에 지나지 않으며 게임 시장과 산업 속에서 최악의 게임을 구매할 수 있을 뿐이다. 그러므로 이 풍경 바깥의 누군가는 게임 디자인을, 게임 산업을 변혁해야 한다.

하지만 지금까지의 모든 이야기에서 우리가 다루는 행위하는 것과 배경이 각기 다른 모습으로 등장한다는 점을 짚고 넘어가야 겠다. 언어와 화자, 유전자와 표현형, 사회와 개인, 뇌 성차와 인간 발달, 구조와 신화, 인터페이스와 플레이어. 여기서 아마도 우리 자신, 행위하는 인간 주체에 대한 우려가 쉽게 호환되는 행위자와 배경을 동원하고 있는 것 같지는 않다. 거꾸로 각각의 이야기에 등장하는 행위자의 형상과 역량은 각기 다른 배경에서 전혀 다른 것으로 변모한다. 예컨대 보편문법을 실천하는 화자는 컨트롤러와 손가락, 눈 없이 비디오게임 인터페이스에 접속할 수 없을 것이다.

우리는 명백한 우리 자신, 인간에 관한 여러 이야기를 두고 단순한 말장난을 하고 있는가? 그렇다기 보다 우리는 실제로 행위자가 각기 다른 배경을 오가면서 실제로 다른 방식으로 존재하는 양태를 이야기하고 있다. 화자는 영원히 언어의 감옥에 살지 않고 플레이어도 영원히 자동사냥 게임에서 자율성을 잃은 채 기계가 되지 않는다. 플레이어가 게임을 끄고 나면 그는 양치를 하거나 노동을 하고 잠을 자기도 한다. 그는 생활의 리듬 속에서 여러 세계에 접속하고 분리한다. 주체의 형상이 하나가 아니라면 그가 속하는 배경 또한 하나가 아니기 때문이다.

우리가 어떤 행위역량 혹은 주체의 형상을 구하고자 한다면 그것을 가능하게 하는 무대와 배경을 지어야 한다. 그리고 소위 비인간과 테크놀로지, 몸에 관한 최근의 관심에서 바라본다면 이 무대는 처음부터 만들어진 배경이 아니라 일상세계의 가장 범속한 존재들, 예컨대 바이러스와 가로수, 와이파이, 앱스토어, 상수도망 같은 모습을 하고 있다. 배경처럼 보이던 것을 전경으로 끌어낼 때 우리는 일자와 다자(구조와 행위자)에서 다신교의 만신전, 다시 말해 행위자들이 있는 풍경 속에 선다.

위 풍경에서 소위 구조는 행위자의 중합체이다. 구조는 행위자들의 관계가 아주 안정화되어서 오랫동안 지속되고 단일한 행위자로 화한 중합체이다. 이들은 일상에서 우리의 환경으로 자리잡아 우리 실천과 행위를 제약한다. 인간을 몸의 내부에 위치한 정신으로 이해하는 인간중심적 행위자관으로 바라보면 어지러울 방식으로 말이다. 우리가 서울에서 수도 꼭지를 돌리면 물이 나오기 위해 한강 수계와 수질 정화 시설, 관리 인력, 행정 법령을 아우르는 광대한 행위자가 중합되어야 하는 것처럼 말이다. 이렇게 볼 때 소위 자율성은 여러 중합체에 접속하고 분리할 때 변형되는 역량의 속성으로 이해할 수 있다. 과격하게 말한다면 구조와 주체의 혁신은 모두 중합체의 재배치에 달려있다.

앞서 우리가 상이한 여러 배경에 접속하고 분리한다는 점을 고려한다면 디자인과 산업은 유일하게 게임의 생태계를 이루는 행위자로 지목될 수 없다는 점도 이야기 해야겠다. 예컨대 남초 게임 커뮤니티가 게임에서 여성 노동자의 일러스트와 목소리 등 애셋을 게임에서 제거하는 데에 성공할 때 여기서 우리는 디지털공간에서 젠더를 판별하고 괴롭히는 데에 동원되는 장치, 네트워크에 퇴적되고 상속되는 성차별적 문화와 기억, 인터넷게시판의 랭킹 장치와 감응 네트워크 같은 디자인과 산업 외적으로 보이는 중합체가 게임 디자인을 수정하는 역량을 목격한다.

그렇다면 우리는 다시 실천과 문화라는 고루해 보이는 선택지로 회귀하게 되는 것인가? 우리의 답은 그렇지 않다는 것이다. 중합체 내지 비인간 담론이 전제하는 이질성과 함께 우리가 제도와 기술의 바깥에서 게임의 현장을 발견할 수 있듯이 우리는 다시 왔던 방향으로 이동해 역량을 조직할 수도 있다. 그 실천은 게임을 전용한 에란겔 다크투어나 화이트큐브에서 벌어지는 실험이 될 수도 있을 것이다. 하지만 자율성을 대가로 플레이어 공동체와 유리된 무대를 잠시 짓고 허무는 대신에 장기적으로 지속되는 어떤 유사구조적인 무대를 조직할 수도 있다면 어떨까? 예컨대 우리는 플랫폼과 게시판을 구현하거나 스트리밍 채널을 개설할 수 있다. 게임엔진과 봇을 짜고 위키를 작성할 수 있다. 게임 인터페이스를 모딩하고 커뮤니티 가이드라인을 만들 수 있다. 노동조합을 조직하고 차별금지법을 제정할 수 있다.

우리의 이야기를 마무리한다면 결론은 이렇다. 게임의 공간을 이야기 할 때 거기 속할 주체와 구조 혹은 그것에 대응하는 어떤 행위자의 목록을 미리 가정하지 말자. 우리의 이야기는 이미 자리를 잡은 배역, 무대와 나란히 놓인 생태학적 공간의 한 위치를 차지할 뿐이다. 우리가 희망하는 주체성 내지 행위역량이 자리잡기 위해서는 진공 속에 새 무대를 짓는 대신 우리가 위 생태계의 일부가 되어야 한다.

김영대

게임의 유한성은 컴퓨터의 이산공간이 생산하는 게임의 수를 생각한다면 다소 의아하게 느껴질 수도 있다. 단순히 수학적으로 계산한 게임 플레이의 수는 알고리즘적 탐색의 관점에서는 너무 많다. 64×64의 좌표계를 가진 보드 위에 6종류의 말 16개가 주어지는 체스의 경우를 놓고 생각해도 그렇다. 체스판에서 양 선수가 각각 첫 수를 두는 데에 400가지의 수가 발생하고 두 번째 수에는 19만 7742가지, 세 번째에는 1억 2100만 수가 나타난다. 이렇게 가능한 게임의 수를 세어나가다 보면 거의 수학적 숭고에 가까운 감각까지 느끼게 된다. 그렇다면 좌표계의 수가 다시 기하급수적으로 제곱 되는 3차원 게임의 수학적 경우의 수의 무지막지함이란 말할 것도 없지 않겠는가?

그러나 문제는 단순한 이산적인 공간의 해상도가 아니라 플레이 전략에서의 유의성 혹은 의미생성의 차원에 있다. 분명 3차원 공간의 게임 객체는 좌표 위 방향과 객체의 상태 객체 간의 요청과 처리 등을 고려한다면 무한한 경우의 수를 생산한다. 그런데도 인간 플레이어의 경험과 게임의 목표 달성에 유의미한 차이로 분절되지 않는다면 대부분의 차이는 소음이다. 플레이어 캐릭터가 x축을 따라 어느 정도 이동하더라도 플레이어 캐릭터의 충돌형태(collision shape)가 적 라이플에서 뻗어 나온 레이캐스트(raycast)의 충돌 판정(collision detection)을 피할 수 없다면, 그로 인해 승과 패, 킬과 데스의 판정을 바꿀 수 없다면,

플레이어 캐릭터가 취할 수 있는 천문학적인 위치의 수가 무슨 의미를 가지겠는가? 엄폐물에 숨거나 사격을 피할 수 있을 만큼 확실히 더 많은 거리를 움직이지 않는다면 게임 규칙의 판정에 영향을 줄 수 있는 의미론적인 차이를 만들어낼 수 없다. (그러므로 누군가는 이 비의성을 즐길 수 있지만 말이다.)

위 문제는 게임이 실세계를 모사한 상호작용의 복잡성을 가지는 방식으로도 해결되지 않는다. 상호작용의 가능성을 재료와 도구, 사물로 체계화한 '오픈월드 생존제작' 장르를 참고해 보자. 생존에 필요한 수많은 제작과 채취 활동은 유의미한 플레이의 전략을 생산하기보다는 고된 노동에 가깝다. 이런 일상적인 노동은 우리가 이미 알고 있듯 반복적이고 권태로운 것이 되기 쉬우며 이로써 특정한 판본의 자연문화를 디지털 식민지로 번역해둔 모더니스트적 비전은 실제 플레이에서는 2차적인 일상과 비슷한 것이 되어 간다.

초점을 이동시켜 플레이를 발생시키는 규칙의 유한성을 사회기술적 지평으로 확장할 경우 우리는 유사한 디자인 패턴(자주 엔진과 소프트웨어를 실행하는 하드웨어 자체에 각인되어 있는)과 장르적 관습에 관해서 논하게 된다. 세부적 프로시저와 변수의 설계는 다를 수 있어도 시스템의 디자인 패턴과 관습은 기능적으로 상동적인 플레이를 생산한다. 조작감이나 폴리곤, 텍스처, 쉐이더 따위 외피의 차이에도 불구하고 발생하는 유의한 게임의 수는 크게 달라지지 않는다. 시뮬레이션이기보다 스크립트의 서사적 역학에 더 크게 의존하는 RPG 장르는 말할 것도 없다. 이러한 유한성은 스팀과 앱스토어 등을 실행할 때 산업과 시장의 장 속에서 고려할 수 있다. 비슷한 장르의 비슷비슷한 게임들이 각기 다른 새로움을 약속한다. 그러나 어느 정도 경험이 쌓인 플레이어라면 홍보 문구와 스크린샷의 유혹 뒤에 손쉽게 새로움과 실망이 하나로 엉겨 붙는다는 것을 알고 있다.

수학적 공간에서 무제한적 조합의 수에도 불구하고 이 가능성은 무의미하게 거대하고 동시에 의미론적으로는 희박한 상징계로 유통된다. 어떤 면에서 장르의 폐쇄적 논리는 산업적 논리에 기대고 있는 듯하다. 개발사가 일정한 맨먼스(man-month)와 비용을 지출해 일정 시간 안에 제품을 내놓고 대규모 소비자 반응을 끌어내야 한다는 점에서 말이다. 소비 상품으로 설계되고 생산되는 레디메이드 시스템은 매번 새로움을 약속해야하지만 동시에 '사용자'가 감당할 수 있는 문제해결공간을 제공해야 한다. 여기서 사용자가 어떤 문제 해결이 가능하고 즐거워하는가라는 판단과 구성의 실천은 여러 상품과 사용자의 생태에서 일어나는 '신뢰의 도약'이다. 그러므로 게임개발사는 동시대의 사용자로 가정된 주체가 감당할 수 있을 만큼 익숙하지만 권태로운 반복이어서는 안 되는 대중성의 울타리 안에서 움직여야 이 과정에서 시장의 선택을 받지 못한 소수 장르가 소실되는 것은 물론이다. 이렇게 말해도 좋다면 플레이의 유한성은 일정 부분 '후기자본주의적' 세계가 생산하는 소비재와 시장 인식론의 얄팍함에 기대고 있다고 말할 수 있지 않을까?[141]

위 맥락을 고려할 때 최근의 독립 개발 생태계에서 '복고적 슈터'(boomer shooter 혹은 retro shooter라고 불리는)가 장르적 공간을 다시 펼치고 있는 방식에 주목할 만 하다. 예컨대 <더스크(Dusk)>와 <이언 퓨리(Ion Fury)> 같은 복고적 슈터는 초기의 FPS가 그랬듯 컷신과 튜토리얼, 복잡한 무기 인벤토리 제한을 없애고 빠른 이동과 회피, 정확한 총격에 집중한다. 낡은 연장통을 가져오면서 복고적 슈터는 동시대 산업이 망각하고 있던 '의미 있는' 플레이 공간을 열어 젖힌다. 이러한 경향의 대표격인 <울트라킬(Ultra Kill)>은 스팀(Steam) 플랫폼에서 압도적인 호평 비율을 받으며 새로운 세대의 플레이어들에게도 큰 호응을 얻었다. 플레이 공간의 열림이란 거대한 볼륨과 고해상도 텍스처를 사용한 3차원 공간의 물신이 아니라 부재하거나 망각된 장르의 공간을 생산하는 방식으로 일어난다. 즉 열림의 비전은 게임 내적인 혹은 매직서클 내부의 공간이 아니라 생태계를 풍경으로 인식하고 구축 가능하다.

그러므로 세계열기란 메타게이밍과 함께 일어난다. 유의미한 메타게임의 수는 곧 유의미한 플레이 공간 계열체의 수이다. 이 계열체의 역사적 이름을 장르 혹은 장르로 환원되지 않는 몇몇 고유성을 달성한 게임의 이름으로 부를 수 있었다. 이 플레이 공간은 건축 가능한 세계인 동시에 우리 삶의 다른 범속한 세계와 마찬가지로는 다른 세계와의 협상과 조정, 투쟁이 일어나는 생태 속에서 구축할 수 있다. 이런 관점에서 게임의 산업적 제한을 넘어서기 위해서는 세계의 생태 자체를 변형해야 한다. 하지만 어떻게?

적어도 두 가지 유형의 변형 전략이 있다. 하나는 언어적 전략이다. 플레이어, 제작사, 퍼블리셔 그리고 그 바깥의 온갖 행위자를 포함한 비디오게임 생태계의 언어적 매개를 변형하는 것이다. 다른 하나는 기술적 전략이다. 엔진 혹은 게임 자체를 활용한 모딩과 개발로 게임을 유통하고 장르 관습과 디자인 패턴의 생태계를 변형하는 것, 또 개발 도구와 인프라를 변형하고 개방하는 실천으로 생산과 유통의 산업적 조건을 변형하는 것이다.

언어와 기술의 인위적인 구분에도 불구하고 기술이란 범주에서 우리는 다른 풍경을 상상할 수 있다. 게임 개발의 민주주의를 천명하며 등장한 유니티(Unity) 엔진의 오픈소스 생태계 그리고 <둠(Doom)>을 모던 시스템에서 구동하기 위한 목적으로 제작된 소스 포트인 GZDoom은 각각 다른 방식으로 종전과 다른 생태계의 창발과 변형을 일으켰다(후자는 복고적 슈터의 부흥에 이바지했다[142]). 단순히 세계를 기술할 뿐 아니라 작동(operate)시킬 수 있는 접근성 높은 일종의 '공용 언어' 혹은 새로운 공적 토대를 제공한 점에서 말이다. 최근 등장하고 있는 고도(Godot)를 비롯한 수십 가지 오픈소스 엔진들이 추구하고 있는 이상도 같은 궤에 있다.

물론 유니티로 제작된 앱스토어의 쓰나미 같은 저품질 모바일 게임을 고려한다면 이 개방성을 낙관적으로만 바라볼 수는 없다. 모두에게 열린 인터넷이 싸이버불링과 거짓 정보, 사용자 트래커의 바다가 되었듯이. 그러나 우리 세계의 유구한 기술 중 하나인 언어적 숙의가 가진 가능성, 곤경과 마찬가지로 민주적 세계의 구축은 언제나 정당하지 않은 것으로 보이는 모든 실천과 함께 길을 찾아가야 한다.

그리고 기술적 대화를 위한 공적 토대를 구축하려는 시도가 여전히 대부분 우리 모국어 바깥의 생태계에서 전개되고 있다는 데서 기술적 실천의 가능성은 다시 공간적인 번역[143] 실천을 필요로 한다.

도시에서 당사자를 의심하기

이승빈

이른바 '도시문제'에 있어서도 일종의 당사자주의 정치의 위력은 무척이나 강력하다. 도시공간에 적용된 당사자주의는 도시나 지역의 공간적 현안을 도시민·지역민의 의사와 이익에 '따라서' 결정해야 한다는 지방자치의 원리와 제도를 거치며 마치 부정할 수 없는 자연법칙처럼 여겨지고 있는 것처럼 보이기까지 한다(그런 점에서 '상식'이 되었다). 특히 이른바 '불도저 국가'로 불리우던 폭압적 발전국가 시기를 거친 한국의 사회공간에서, 이와 같은 '원칙'이 한편으로 '위로부터의' 돌진에 대한 '아래로부터의' 대항력을 구성할 수 있다는 점에서 여전히 일정하게 정치적 가능성을 갖는 것도 분명한 사실이다.

그러나 모두가 그 상식을 온전하게 공유하며 다함께 '나아갈' 수 있는 것은 아니다. 단적으로, 도시공간의 다른 한편, 내부/'아래'/'주변'(으로 사전 경계 그어진[144]) 영역에서 그와 같은 당사자주의의 상식은 공유되지 않을 수 있다. 어떤 당사자성은 그 내부의 이질적 존재들을 그 바깥의 영역으로 밀어냄으로써 구성된다.[145] 어떤 당사자 본위 공동체의 경계는 스스로의 당사자성과 유사한 일정한 타자를 환대하면서도, 또 다른 타자는 배척하는 선별적 투과성을 갖는다.[146] 앞서 스튜어트 홀(Stuart Hall)은 상식은 일관성을 갖지 않으며, 탈구되고 일화적인 과정 속에서 내적인 단편성과 모순을 갖는다고 논한 바 있다.[147] 저마다의 도시공간에서 '당사자'라는 개념이 각각의 역사-지리 특수적인 과정을 거쳐 배열·배치·생산된 것임을 고려한다면, (도시공간의) 당사자주의를 불변의 상식으로 고수할 필요도, 그리고 정치적 당위도 (더는) 존재하지 않는다.

2020년대 서울시의 모 산하기관이 주최한 한 대형 프로젝트가 있다. 기관의 공식 소개에서는 이 프로젝트를 "서울을 이루는 25개 지역에서 각각의 지역만의 '동네 문화'를 발견하고, 또 새로 만들어보는 프로젝트"라 언급한다. 그런데 이는 도리어 서울이라는 도시공간의 역사-지리적 사건을 맥락에서 떼어냄으로써, 지리적 분할의 클리셰화-신화화, 내지는 구획을 선험적인 것처럼 자연화하는 도시공간 당사자주의의 전형적인 물신화를 보여준다.[148] 서울의 25개 (자치)구 체계를 계획·구축한 것은 각 구의 '당사자'들이 아닌, 중앙정부와 지방정부(서울시정)였다—혹은 이때 당사자가 지역민이 아니라 이른바 중앙의 계획가들이었다고 말할 수도 있을 것이다 —. 25개 자치구는 '서울을 이루는' 다운탑의 스케일 뛰어넘기(scale jumping)가 아니라, '서울이 이룬' 탑다운으로 구성된 계획적·행정적 분류단위로서의 맥락에서 '먼저' 이해되고 짚어질 필요가 존재한다. 그런 점에서 해당 프로젝트의 전제는 그 자체로 모순적이다. 서로 다른 논리와 시점에 서울로 묶이게 된 다층적 맥락의 공간을 다시 25개의 하부단위로 미분한 힘을 짚지 않고, 단지 기성의 구획을 내면화함으로써 자치구마다의 당사자-주민으로부터 고유한 문화를 찾고 모색하려는 시도에 그치는 것이다. 이와 같은 클리셰의 반복과 재생산은 분류단위로서의 자치구를 되려 문화에 앞서는 것으로 특권화할 우려를 낳는다.

이로부터 도시공간에서 당사자주의가 빠질 수 있는 전형

적인 오류가 드러난다. 해당 프로젝트의 지향이 역설적으로 보여주는 것은 당사자로 스스로를 주체화하는 존재가 실상 도시가 구획화된 일정 영역(스케일)에 배치됨으로써 형성되는(정확하게는, 형성이 모색되는) 존재일 수 있다는 점이다. 물론 도시공간의 구획화는 특정한 시간적·공간적 맥락에 철저하게 입각한다. 따라서 도시공간의 당사자는 결코 완전히 고유하고 독자적인 (문화) 논리에 의해 '오롯이' 홀로 형성되고 존재할 수 없다(그 어떤 '주체'라도 그러한 것처럼). 즉, 지금-여기에 주민등록상 거주권, 또는 건물·토지의 소유권 따위로 입적하거나 등기할 수 있다는 시공간 특수적인 능력-사실 자체만으로는 그 지역-공간에 대한 결정과 개입의 '정당한' 주체가 구성될 수 없다. 이때 당사자 정당성이라는 일종의 신화-클리셰는 특정한 이들을 특정한 지점에 배치하고, 그중 일부를 당사자로 구성한 탑다운 공간 논리의 반복에 그칠 뿐이다. 이는 실상 상위 논리에 입각해 '남을 수 있었던', 또는 '진입할 수 있었던' 구성된 당사자들만의 움직임이 오롯한 고유성을 구성하며, 완전히 고유할 수 있는 영역들을 저마다 구성한다는 식으로 도시공간을 무한정 상대화한다. 이와 같은 반복은 어떤 이들을 당사자로, 다른 이들을 당사자가 아닌 이들로 구성하는 '판'을 어떠한 식으로든 당연한 것처럼 만든다. 그리고 그 상식을 당사자라고 일단 범주화된 이들만의 전유물로 만들며 도시공간을 '닫는다'. 닫힘을 극복하기 위해서는 상식화된 결정 및 정당화의 기제로서의 당사자주의(가 귀결하는 상대주의) '너머' 무언가의 모색이 필요하다.

이를 위해서는 '일단' (도시공간의) 당사자라는 상식화된 결정자의 정당성이 선험적으로 존재하는 것이 아닌 어떤 특정한 행위와 경험들의 관계(들)에서 존재하는 것임을 따져 물어야 할 것이다. 이 글은 이를 목적하며, 도시공간에서의 당사자 문제와 관련하여 서로 분리되지는 않는 관건(의 편린들)을 몇 가지 사례를 경유하여 살피고자 한다. 하나, 과연 완전한 결정권과 그에 따르는 책임을 갖는 것으로 가정되는 당사자가 실제로 존재할 수 있느냐의 관건이다. 여기서는 비교적 최근에 있었던 서울 시내 모 지역(이하 익명의 '□□'으로 언급)의 젠트리피케이션, 특히 한 식당의 퇴거를 둘러싼 행위자들을 주류화된 유형화와 견주어 재유형화하여 당사자의 온전함이라는 가정이 허구임을 주장한다. 둘, 도시공간에서 당사자성(과 그에 부여되는 것으로 믿어지는 결정의 정당성)이 (어떤) 시공간적 조건에서 구성되는지의 관건이다. 여기서는 1960년대 서울의 '종삼' 지역과 1980년대와 1990년대 뉴욕 톰킨스스퀘어 공원의 사례를 경유하며, 당사자라는 지위의 불안정성 및 당사자주의 도시정치의 한계를 짚는다. 셋, 도시공간에서 당사자주의가 실현되고 제도화되는 방식의 관건이다. 여기서는 당사자-공동체주의적 실천이 제도화된 도시재생과 결부된 사례로서 2000년대와 2010년대 뉴욕 하이라인의 사례를 경유하며 당사자주의 도시정치가 갖는 양가성을 지적한다. 그리고 다시 지금-여기의 도시공간으로 돌아온다. 넷, 당사자주의 너머 도시공간의 정치에서 어떤 방식의 실천이 가능한가의 관건을 이상의 논의를 종합하며 간략히 논의한다.

▫▪▫ '온전한' 당사자의 필연적인 부재
: 2010년대 □□의 젠트리피케이션 사례를 경유하여

서울 □□ 지역은 젠트리피케이션이 2010년대 한국의 대표적인 도시문제의 하나로 대두하는 과정에서 가장 많이 거론된 장소의 하나다. 한국어 담론의 중심지인 서울, 그중에서도 시내 중심부에 가까운 곳이라는 특성 때문이었을까, '□□ 젠트리피케이션'이라는 주제로, 다수의 언론 보도와 함께 관여하고 있는 진영 저마다의 선전 실천이 고조되며 대량의 담론 작업이 축적되었다. 해당 담론 작업물들은 (매체 차와 입장 차를 막론하고 대부분) 지역의 젠트리피케이션을 '선명하게' 만드는 데에 중요하게 기여한 것으로 보인다.

여기서 '선명함'은 양가적인 어휘다. 선명함은 한편으로 다종다양한 사회공간의 '문제'들 가운데에서도 □□의 젠트리피케이션을 쟁점이 될 수 있는 '문제'로 가시화했다는 것을 의미한다. 이로 인해 □□에는 젠트리피케이션을 둘러싼 사회공간 각계각층의 관심과 시정 요구가 빗발쳤고, 문제해결을 위한 일정한 정책적 억제수단이 마련되기도 했다(대표적으로, 지구단위계획 재정비안에서의 프랜차이즈 입점제한). 그런데 다른 한편으로 여기서의 선명함은, 다양한 행위자성을 가진 존재들이 관여하는 복잡한 과정일 수밖에 없는 도시 공간 생산의 문제를 '선명하게' 양분할 내지 삼분할하여 단순화하는 것이기도 했다. 양분할된 대립쌍의 한 극에는 외부-'비당사자'-경제논리와 개발주의-합리성-'가해자'로서의 도시가 놓였고, 다른 한 극에는 내부-'당사자'-내재적 문화논리-전통성-'피해자'로서의 동네가 놓였다. 삼분할의 경우 그 대립 쌍을 두 꼭지점으로 놓고, 다른 꼭지점을 추가하여 국가나 지방정부를 배치하는 정도에 그친다. 이는 물론 용역 폭력배까지 동원한 투기자본의 횡행에 맞서기 위해 필요한(그리고 일단은 유효한) 선악구도의 연출이었을 수 있으며, (지방)정부의 직접 개입을 통한 일정한 정책적 억제책을 마련하는 데에 이르렀다는 점에서는 단기적으로 어느 정도 유효한 전략이기도 했을 것이다. 문제는 이와 같은 억제수단의 마련 이후로도 오늘날까지 □□에는 젠트리피케이션과 이에 수반하는 '문제'가 계속되고 있다는 것이다. 선역으로서의 '당사자'와 악역으로서의 '비당사자', 그리고 중재자로 호출된 '정부'의 문제로 선명하게 재조립된(그로써 정당화된) □□의 '선명한' 재현공간으로 인해, 공간 실체에서의 양자나 삼자의 역할에 딱 들어맞지 않는 개입의 모색은 도리어 어려워졌다.

요컨대 □□ 일대의 젠트리피케이션 현상을 도시문제로 쟁점화하는 정치는 그 안팎의 관계지리를 이항 내지 삼항으로 단순화하면서 강력한 동력을 확보했다. 다만 그 과정은 젠트리피케이션을 둘러싼 다양한 행위자와 행위자성, 그리고 그들의 관계로부터의 관계지리적 맥락을 단순화하거나 때로는 소거하는 것이기도 했다. 그런데 개인적이고 우연한 이유로부터 □□ 지역의 주변에 있으면서, 포착하거나 알게 된 이곳의 행위자 관계지리의 구도는 그런 식의 단순화를 곤란하게 만드는 보다 복잡한 층위를 가지고 있었다. □□의 젠트리피케이션이 결코 당사자/비당사자의 이항의 대립쌍, 내지는 당사자/비당사자/중재자의 삼항의 꼭짓점으로 나누어질 수 없는 문제였다는 점은 '사건'의 주요 행위자로 범주화되는 이들을 다음과 같이 거칠게 요약하더라도(이 역시 범주화의 문제를 안을 수밖에 없다는 한계에도 불구하고) 드러난다.

일단 언론 보도와 운동/상업 선전을 통해 (어떤 측면이든) 가시화된 이들, (토건)자본-디펠로퍼(1-1)와 문화적 '뉘앙스'를 내세우는 기획부동산 업체-디벨로퍼(1-2), 그리고 용역 폭력배(1-3)가 일대 도시공간의 (재)생산 문제에 있어 '당사자'라고는 하기 어려운 행위자였음은 분명한 사실이다. 그런데 다른 스케일, 예컨대 담론 개진을 통하여 '선명하게' 부각되었던 특정 점포 스케일의 입지에서 살펴본다면 문제는 보다 복잡해진다. □□ 젠트리피케이션을 둘러싸고 다수 언론을 통해 보도되었던 핵심 사건 점포(이하 '00식당')가 입점한 상가의 부동산 원소유자(2-1)는 그야말로 지역의 오랜 '원주민'이었고 현재도 일대에 거주하고 있다. 그는 부동산 소유권을 이곳에서 나고 자랐고 지금은 타지에 살고 있는 자녀(2-2)에게 증여했다. 해당 부동산은 그 자체를 담보로 한 대출을 끼고 있는 관계로 지분을 금융권(2-3)이 관념상 나눠 가지고 있는 상태다. 과거에 해당 점포 입지에는 지역의 학생들을 주 고객층으로 하는 다른 업종·업태의 소규모 점포(3-1)가 입점했었고, 이후 □□이 인기를 끌자 새로운 창업자(3-2)가 기존 점포를 대체하고 요식업 점포를 개점했다. 여러 이유에서 '뜨는' 지역이 된 □□에는 (기존의 원주민과는 구분되는) 새로운 유형의 (주로 주택세입자 지위로) 이주자(4-1)와 관광객(4-2)이 진입해 해당 요식업체의 손님이 되었으며, 그들 중 일부는 건물주와 각급 디벨로퍼가 주도하고 유도한 식당에 대한 (폭력적) '밀어냄'에 함께 저항했다. 물론 연대자, 특히 반(反)젠트리피케이션 활동가와 예술가, 그리고 관련 공동체들의 개입 역시 중요했다. 그들 가운데 일부는 투쟁 과정의 전후로 □□ 지역에 주민으로 거주한 적 있기도(5-1), 그렇지 않기도 했다(5-2). 이로부터 공론화된 '사건'에 대해 행정기관들, 예컨대 서울특별시(6-1), 구청(6-2), 서울지방경찰청(6-3), 중앙정부의 관련 부처(6-4), 지역 정치인과 지구당(6-5), 시/구 도시계획위원회(6-6) 등은 저마다의 절차와 관행, 그리고 (정치적) 입장에 따라 일정한 정책적 개입을 취하기도, 취하지 않기도 했다.

[00식당 사건 주요 행위자들의 경합하는 당사자성?]

유형	전형적 범주화 (의 문제)	시간적 선행 여부 ('젠트리피케이션'의 본격화 이전에도 □□에 위치했는가?)	행정적 지역 소속/관할 여부 (현재 □□에 '행정적으로' 속해있는가?)	부동산 권리 여부 (점포가 속한 토지/건물에 관한 권리를 가지고 있는가?)
1-1	"(외부) 토건세력 /디벨로퍼"	△	×	△(사업권)
1-2		×	△	△(사업권)
1-3		×	×	×
2-1	"소유자/ 임대인"	○	○	×
2-2		△	×	○(소유권)
2-3		×	×	△(저당권)
3-1	"임차인"	○	?	×
3-2		×	○	○(부분임차권)
4-1	"(외부) 방문자"	×	○	×
4-2		×	×	×
5-1	"(외부) 연대자"	△	○	×
5-2		×	×	×
6-1	"지자체, 주무부처 정치권"	△	○	△(행정권)
6-2		△	○	△(행정권)
6-3		△	△	×
6-4		△	×	×
6-5		△	△	×
6-6		△	△	△(계획권)

이와 같은 국면 아래 (온전한) '당사자'는 누구인가/누구일 수 있는가? 만약 젠트리피케이션의 본격화라는 '분기' 이전과 이후라는 단순한 시간적 분류로 지역의 당사자를 나누고자 한다면, 당사자로 남는 것은 '토박이'인 건물주 일가(2-1, 2-2) 및 과거의 임차인(3-1) 정도에 불과하다. 요식업 점포의 임차인(3-2)은 초기 젠트리피케이션을 사업기회로 보고, 외부 방문자를 타깃으로 하는 창업을 통하여 지역민을 대상으로 하던 기존 점포(3-1)를 대체하며 지역에 진입했다. 때문에 그만을 중점화하는 서사는 중층적·구조적 현상인 젠트리피케이션을 (과열기라는) 특정 시점의 개별적·예외적인 사안으로 협소화한다. 만약 현재

지역에서 공간을 '법적으로' 점하고 있는 이들만을 당사자로 놓는다면, 쟁점은 소유권과 임차권의 법적 행사의 대립 수준으로 재조립된다. 당사자주의의 논리에 따른다면, 이와 같이 재조립된 쟁점에서는 외부 토건자본과 그에 결부된 세력(1-1, 1-2, 1-3)뿐만 아니라, 손님과 관광객(4-1, 4-2), 그리고 지역 내외부의 연대자(5-1, 5-2)의 개입까지도 부적절한 것이 되어버린다. 그런 논리만으로 용역 폭력배(1-3) 등의 변칙적이고 폭력적인 횡행을 이들이 외부의 비당사자라는 지점만으로 문제시하는 것은, 용역 폭력배가 관여되지 않은 젠트리피케이션과 같이 물리적 폭력 없는 폭력적 전개에 대해서는—또한 제도적 정당성을 갖춘 공무원과 경찰의 집행에 대해서는—일정한 당사자성을 갖춘 이들 간의 대립, 내지는 그 당사자성들 간의 경합을 통해 '소유권'이라는 보다 강력한 당사자성 내지 사회공간적 지위를 가진 이의 권한 행사 정도로 정당화하는 결과를 낳는다. 결국 전형적 범주화 너머, 젠트리피케이션에 대한 시간적 선행 여부, 현재의 행정적 소속/관할 여부, 그리고 부동산 권리의 여부를 범주화한 앞의 표 역시도 당사자가 누구인지/누구여야 하는지 그 무엇에 관해서도 온전한 정보를 제공하지 못할 뿐이다.

그렇다면 더욱 엄밀하게 당사자성을 분류하고 범주화했어야 하는, 그렇게 했더라면 '온전한' 당사자를 찾을 수 있었던 문제일까? 앞선 요약이 거친 범주화의 문제를 갖고 있기는 하지만, 그럼에도 그렇지만은 않다. 완전한 주체라는 개념이 관념 너머 현실의 사회공간에서 성립할 수 없는 것과 마찬가지로, 물질적 마찰과 지리적 관계들의 중첩으로 구성되는 사회공간의 각급 스케일에서 온전한 당사자란 존재할 수 없다. □□의 젠트리피케이션, 특히 00식당 사건의 당사자들에 대한 빈틈없는 정보

제공이 불가능하다는 문제는, 도리어 당사자 본위의 결정이라는 상식화된 당위가 빠질 수 있는 함정을 보여줄 수 있다. 흔히 도시공간의 당사자로 원주민, 토지/건물의 각급 권리자(특히 소유권자와 임차권자), 지역 주민, 기초 지방자치단체 등이 등치된다. 그러나 사례가 보여주는 것은 그것의 반면이다. 즉, 그들 가운데 누구도 '온전한' 당사자로서 결정권을 행사할 수도 없다는 점, 그리고 당사자성들 간의 경합을 통해 더 강력한 당사자성을 갖춘 것으로 '판명'되어 그 당사자성을 행사하게 되더라도 그 정당성이 그 자체로 구성되는 것은 아니라는 점이다.

상식을 통한 (정치적) 주체(화)가 특정한 시공간의 국면이라는 조건으로부터 단속적으로 이루어지는 과정[149]인 것처럼, 당사자라는 상식화된 범주화 역시도 특정한 스케일의 조건 하에서 일시적으로만 구성될 수 있을 뿐이다. 당사자라는 위상/지위는 결코 온전하고 항구적일 수 없다. 그것은 일정한 스케일 내에서의 시공간적 상황과 맥락에 따라 가변하며 일시적이다. 그런데 중요한 것은 이와 달리 (도시)공간이 (인위적 개입과 개입하지 않음을 모두 포함하는) 생산의 과정을 거치며, 이와 같은 생산으로 남은 공간적 실제들은 미래 시제에 (최소한 도시적 차원에서만큼은) 항속적인 영향을 남긴다는 점이다.[150] 그렇기에 특정한 스케일과 시공간적 맥락이라는 조건들의 조합에 의해서만 당사자일 수 있는 범주의 행위자들이 도시공간에 대한 결정의 권리와 책임을 독점하는 것을 당사자주의의 논리만으로는 정당화하는 것은 곤란하다.

▫▪▫ 배치하고 배제하는 힘들, 그로부터의 당사자의 지위 : '종삼'과 톰킨스스퀘어

글의 서두에서 언급한 프로젝트의 한계 가운데 하나는 탑다운의 방식으로 '상위'(라고 간주되는) 스케일의 논리를 내면화한—이로써 스스로를 '하위'의 위상으로 자리매김한 것으로서의—'하위' 스케일의 문제였다. 프로젝트는 이미 구획'되어진' 영역의 구성과 특질을, 구획된 하위 스케일의 '고유한' '문화'로 찾아 부각하려 하고 있었다는 점에서 모순을 가질 수밖에 없었다. 다만 이것을 해당 프로젝트만의 문제라고는 할 수 없다. (상/하위 스케일을 분절하는) 상위 스케일 논리의 내면화, 내지 상위 스케일 논리를 공유함으로써 스스로의 고유성만을 부각하는 '방침'은 도시공간의 당사자 본위의 활동이 공통으로 노정하는 대표적인 문제다. 여기서는 1960년대 한국 서울의 '종삼' 지역과, 1980-1990년대 미국 뉴욕 로어이스트사이드(Lower East Side) 지역[151]의 공원 톰킨스스퀘어(Tompkins Square Park)를 둘러싼 도시 과정을 살핌으로써 관련한 사항을 논의하고자 한다.

1960년대 한국에서 본격화된 건설은 제도화된 배치로 '객관화'[152]되어, 오늘날에 이르는 한국 도시공간의 구조적 근간을 구성하고 있다.[153] 그런 점에서 당대의 건설은 협의의 건설(built)에 그치기보다는 광의의 건설(construction)의 성격을 갖고 있었다. 이는 건설이 건조물을 세우는 과정일 뿐만 아니라 기존의 사회공간적 실체와 재현의 배치들을 일정하게 허물거나 재배열하는 과정이었음을 의미한다.[154] 이와 같은 건설의 과정에서 당사자의 문제가 중요하게 대두하게 되었다. 그중 도시공간의 당사자라는 문제와 관련하여 언급할 수 있는 사례의 하나는 서울의 김현옥 시정(1966.03.31.~1970.04.15.)이 '수행'한 이른바 '나비작전'이다.

일제강점기 소개공지였던 서울시내 종로3가 일대, 이른바 '종삼'에는 해방 이후 판자촌과 함께 성매매 집결지('사창가')가 자리 잡게 된다. 특히 1960년대는 성매매 집결지로서의 '종삼'의 전성기라고 할 수 있었는데, 사후 조사에 따르면 성매매 업소의 분포가 낙원동·돈의동·익선동에서부터 종로5가의 동서 1km, 남북 200-300m에 이르는 범위로 확대되었다고 전해질 정도였다.[155] 수도 도심 바로 주변, 기존 식민권력의 국유지였던 공지에 도심의 문화적 구성논리, 그리고 사회경제적 위상과는 성격을 달리하는 구역(pocket)이 입지하게 된 것이다(물론 그 자체를 과거의 이상적인 정치적 지대로 단순하게 낭만화하는 것은 전혀 다른 문제를 만들어낸다[156]).

그러나 하이모던(highmodern)[157]한 건설 논리로 근대성을 시각화하여 내세우고자 했던 김현옥 시정에 있어[158] 이와 같은 이질적이고 비정상적 요소들의 집결지로서의 '종삼'은 일종의 눈엣가시였던 것으로 보인다. 우연한 계기로 '종삼'을 직접 목격한 김현옥은 종로구청으로 직행하여 '종삼소탕작전', 소위 '나비작전'을 지시한다.[159] '나비작전'으로 당국은 '윤락여성' 추정인원 1,000-1,400명[160] 가운데 853명에 대해 귀향조치, 직장알선, 시설수용 등의 조처를 취했다. 공간적 실체의 차원에 있어서는 '사창가'와 '무허가' 주택에 대한 단속과 철거를 강행했다. 그중 일부 부지는 도시 근대의 시각적 증거물로 세워질 파고다 아케이드와 낙원상가의 후보지와 겹쳐지는 것이었다.[161] 이후의 '종삼', 종로3가 일대에는 '현대적 라이프 스타일'을 내세우며 주상복합상가(낙원·세운)가 건설된다. 이는 "더럽고 오래된 것은 깨끗하고 새로운 것으로 대체"하는 지역적 서사로 남았다. '나비작전'이 이후 이루어진 지하철 계획 등과 결부되며, 종로3가를 '정상공간화'하고자 했던 인구 통치의 일환이었다는 것이다.[162] 다른 한편, '종삼'의 철거 이후 도시의 상대적 변경지대, 성북구 종암동과 강동구 천호동에 새로운 성매매 집결지가 생겨난다.[163]

여기서 중요한 것은 도시공간, 특히 도심의 (계획) 주체로 스스로를 규정한 이들과 타자로 규정된 이들 간의 분리다. 손정목을 참고할 때, 종삼 유곽의 대다수의 방문자(속칭 '나비')는 당대 사회공간의 엘리트들(특히 도심 화이트칼라 직장인들과 지식인들)이었다.[164] 그런데 이 '나비'들은 '종삼'에 발을 끊게 되더라도 도시, 특히 도심 생활권에 남을 수 있는 이들이었다. 명목상 '나비작전'이었더라도, 실상 기존의 '종삼'에서 위치를 점유하고 있다가 그 영역을 물리적·사회적으로 상실한 것은 판자촌과 '사창가'의 '타자'(로 규정된 이)들이었다. 당시 도시문제를 규정하는 것은 지방정부(의 결정권자)였다. '타자'들은 그 존재 자체가 도시문제로 규정되었다. 도시문제가 된 이들은 도시문제의 규정이나 수정에 참여할 수 없으며, 오히려 도시문제 자체이기에 '소탕'되어야 하는 존재들로 전락했다. 설령 이들이 시간순서상 해당 공간을 먼저 점하고 있었다고 하더라도, 당사자는 될 수 없었던 것이다(그렇기에 당사자로서의 발언권을 갖고 문제 규정의 논의에는 참여할 수 없었다). 오히려 어느 순간, 특히 특정한 권력자의 결정으로 순식간에 도시문제로 규정된 이들을 몰아냄으로써, 그곳에 남을 수 있었거나 새롭게 진입한 이들만으로 '종삼'의 당사자 범주는 (재)조직되었다.

'종삼'에는 대규모 주상복합과 각종 사무용 빌딩이 들어섰다. 때로는 기존의 무허가 주택이 헐린 자리에 불량주택이되 부동산 재산으로 '등기'될 수 있는 주택이 들어섰다. 이와 같은 도시 공간구성의 재구조화 과정에서 지금의 종로3가라는 공간에 관한 결정자 역시 그곳에 부동산 재산을 소유하고 있거나 관련한 권리를 가진 이들로 조정되었다. 이로써 일대의 당사자 권리는 일종의 재산처럼 처분하고 양도할 수 있는 것이 되기도 했다. 이는 오늘날 종로3가 일대의 재개발·재건축을 둘러싸고 가장 '합법적'인 발언권과 결정권을 확보하고 행사하고 있는 이들이 부동산 소유자라는 것에서 예증된다. 반대로, 일정한 범위와 수준에서만큼은 여전히 '타자 공간'[165]으로 남아있는 종로3가의 다른 '타자'(로 규정된 이)들, 가령 파고다 공원의 노인들이나 불량주택의 세입자들은 발언권을 제한받으며, 어떠한 결정권도 행사하지 못한다. 요컨대 몰아냄을 통한 (재)조직을 통하여, 특정 범주만이 당사자로 자리매김한다. 이로부터 당사자로서의 정당성이 확보되고, 또한 (대가를 주고받으며) 거래되며 강화된다.

혹자는 배치하고 배제하는 힘(들)이 발전국가 시기 한국의 개발독재라는 특수한 역사적 맥락에서 기인하는 것이라고, 그렇기에 당대의 '종삼'과 '자유로운' 지금의 도시공간에서의 당사자주의(의 등장)는 다르지 않느냐고 반문할 수도 있을 것이다. 그러나 (협의의) 개발독재라고 말하기 어려운 이른바 '자유세계'의 '자유로운(것으로 믿어지는) 시대', 가령 1980년대 말부터 1990년대 초까지 미국의 '세계도시' 뉴욕 맨해튼(Manhattan)의 세부구역인 로어이스트사이드의 녹지공원 '톰킨스스퀘어'를 둘러싼 정치는 배치-배제하는 힘의 작용과 그로부터의 당사자라는 문제를 논의하는 데에 있어 또 하나의 중요한 사례—그리고 반박을 재반박할 수 있을 반례—다.

톰킨스스퀘어에 홈리스들이 거주하게 된 것은, 1980년대 글로벌화된 뉴욕 주택시장의 변동으로 각지의 사적·공적 공간에서 퇴거당한 이들이 공원을 정기적인 잠자리로 이용하면서였다.[166] 그러던 1988년 8월 6일 밤, 공원의 경계를 둘러싼 물리적이고 정치적인 대치 상황이 발생한다. 계기는 뉴욕시 당국의 공원에 대한 야간 통행금지령이었다. 통행금지의 명분은 도시문제라고 당국이 규정한 것, 즉 홈리스와 비행 청소년들, 그리고 마약 거래상들이 '공공공간으로서의' 공원을 이용하고 있다는 것이었다.[167] 뉴욕시가 투입한 경찰과 대치한 이들은 우선 공원 거주자들과 인접 지역에서 살고 있는 거주자들이었다. 그리고 이들의 진영에 주거 활동가, 반젠트리피케이션 시위대, 펑크족과 예술가들이 가세했다. 시위의 현수막과 구호를 통해서는 '계급전쟁'이라는 문구가 가시화되었다.[168] 시위 과정에서 후퇴한 경찰의 바리케이드를 접수한 시위대는 인접한 고급 주택지인 크리스토도라(Christodora) 콘도미니엄 아파트의 황동 유리문을 들이받는 데에 이른다. 공원과 맞닿아있었던 크리스토도라는 (해당 건물이 1960년대의 급진정치적 역사와 황폐화, 1980년대의 합작투자, 보수, 상품화를 두루 거친 이후의) 당대 인접 인접 주민들에게는 젠트리피케이션의 상징으로 여겨지는 장소였다.[169] 시위를 전후로, 홈리스들은 공원 부지와 인접한 폐건물을 무단으로 점거('스쾃', squatt)하며, 도시의 다른 주거활동가들과 관계를 맺어나간다.[170]

뉴욕시 당국은 천천히 퇴거의 방침을 재개한다. 통행금지 방침이 점진적으로 재개되었으며, 스쾃된 몇몇 건물은 1989년 5월에, 그리고 공원 내부의 텐트와 판잣집들은 동년 7월에 폐쇄 또는 철거되었다. 공원 거주자들에 대한 대대적인 퇴거령이 이루어지기도 했다. 이후 1990년, 새로 취임한 데이비스 딩킨스(David Dinkins) 뉴욕 시장은 '재건 계획'을 발표한다. 공원을 '탈환'하겠다는 것이었다. 계획의 집행에 따라 농구 코트는 철거된 후 엄격한 출입 통제 장치를 갖추어 재건되었다. 어린이 놀이터에는 철망 울타리 형태의 경계짓기가 이루어지기도 했다. 이는 1991년 6월에 급기야 공원 대부분의 출입구를 폐쇄하는 데에 이른다. 이때 딩킨스는 홈리스들이 공원을 지역사회로부터 '빼앗아갔다'고 표현하며, "공원은 공원이지 주거지는 아니"[171]라 선언했다. 당시의 폐쇄는 선별된 출입구만을 통해 공원에 출입할 수 있게 하는 것이었다. 개방된 세 개의 출입구 가운데 두 곳은 어린이 전용 놀이터로 향하는 곳으로 경비 인력을 갖추고 있었고, 다른 한 출입구는 여피들이 거주하는 크리스토도라 콘도미니엄 방면에서 반려견 공원으로 통하는 길목이었다. 그렇게 "공원에서 쫓겨난 사람들에게는 그 어떤 대안적인 주거지도 제공되지 않았고, 그래서 사람들은 다시 지역의 무단점유지로 옮겨가거나 도시 속으로 서서히 스며들"[172] 수 있을 뿐이었다.

'종삼'에 개입한 서울 시정과 톰킨스스퀘어에 개입한 뉴욕 시정은 분명 상이한 정치적·제도적 성향을 가지고 있었다. 가령 제3공화국 군사독재 정권의 '대리인' 김현옥 시정과, 뉴욕 최초의 아프리카계 시장으로 민주당의 리버럴 노선을 대표하던 딩킨스 시정의 성격은 분명 다를 수 있다. 그러나 우리의 문제에서, 이들로부터 공통적으로 포착되는 것도 있다. 양자가 모두 일정한 도시공간에 공간적으로 위치하고 있던 이들을 달리 배치하고 또한 배제하는 힘을 발휘했으며, 그 동력은 그 도시공간에 위치하고 있던 이들을 도시문제로 규정하면서 구성되었다는 점이다.

김현옥은 '종삼'을 '소탕'하고자 했다. 딩킨스는 홈리스를 비롯한 공원 점거자들을 약탈자로 규정했다. 공통적으로 (바람직한, 또는 무해한) 시민(과 그의 보호를 받는 존재들)과 그렇지 않은 이들을 분리하는 것이었다. 지그문트 바우만(Zygmunt Bauman)이 말한 것처럼, 사람들을 '버리는' 힘의 배치는 배제를 수반한다. 여기서 배제란 "그들이 있는 자리에 '어울리지 않는' 사람들을 골라내, 거기서 쫓아내면서 '그들에게 어울리는 곳'으로 추방하거나 (더욱 바람직한 것은) 아예 처음부터 근처에도 오지 못하게 하는 것"[173]을 의미한다. 이와 유사하게 '종삼'과 톰킨스스퀘어에서의 분리는 도시공간에 관한 권리를 (타자를 배제하고 남은) '시민'-당사자에게만 허락하는 것이었다. 이는 도시공간에서 물리적 실체로 나타났다. '종삼'의 성매매집결지와 판자촌을 철거하고 들어선 것은 국가가 나서 입주권을 협조자에게 선별제공 및 판매했던 몇몇 주상복합 건물이었다.[174] 톰킨스스퀘어 전반의 폐쇄 상황에서 개방 출입구의 선별은 무해한-비정치적인 존재라고 상정되는 어린이(와 보호자) 및 반려견(과 콘도미니엄 방면의 반려인)에게만 공간 이용의 권리를 허락하는 것이었다.

'종삼'에 위치하고 있던 성매매 여성들과 톰킨스스퀘어에 위치하고 있던 홈리스들은—(자본주의적 도시화를 둘러싼) 다중적 스케일들에 작용하던 사회공간적 힘의 작용에 부딪혀—이미 다른 곳으로부터 그 지점들로 '옮겨져' 왔던 이들이었다.[175] '사건'의 이전에도 이미 배치하고 배제하는 힘의 작용에 놓여 있었던 것이다. 그리고 '나비작전'과 톰킨스스퀘어 '재건 계획'에서 이들은 (다시) 도시문제-타자로 규정됨으로써 다시 도시의 외곽이나 다른 변경지대로 또 다시 재배치된다. 도시는 끊임없이 변모한다. 다수의 논자가 말한 것처럼, 끊임없는 정치적·경제적·지리적 재구조화 과정은 그 자체로 도시 그 자체의—도시를 도시로서 유지하는—특성일 수 있을 테다.[176] 그리고 이와 같은 계속적인 도시화의 과정에서 (도시라는) 중심부 내부에서 중심부와 주변부의 위계가 구성된다.[177] 그런데 '종삼'과 톰킨스스퀘어의 사례가 극명하게 보여주는 것은 도시공간에서의 이와 같은 끊임없는 배치가 타자들, 버려진 삶 자체를 계속적으로 재배치하는 식으로 이루어진다는 것이다. 타자를 (재)배치함으로써 재편성—근대화('종삼'), 고급화(톰킨스스퀘어)—되는 도시공간에 남을 수 있는 일정한 수준 이상의 힘을 가지고 있는 이들이었다. 이때의 힘은 도심지의 직장과 학식('종삼'), 인종(톰킨스스퀘어), 그리고 부동산 시장에 편입된 영역에 대한 소유권과 이를 행사하기 위한 다중적 의미의 자본 등—공식 논리가 인준하거나, 또는 공식 논리 그 자체를 구성하는 지표—에 해당했다.

그러나, 우리가 앞서 살핀 것처럼 당사자라는 지위는 가변하고 일시적이다. 서로 관점과 배경을 달리하는 논자들이—예컨대 앞서 언급한 바우만의 버려지는 삶들(wasted lives) 논의[178]의 중요한 예시가 난민이었고, 필립 맥마이클(Philip McMichael)의 발전주의 비판의 중요한 예시[179]가 제3세계 주변부였으되—공통적으로 주변화되는 삶들의 조건이 '글로벌 대도시' 도시공간의 내부로 들어왔다고—바우만은 '하이퍼 게토'의 문제를, 맥마이클은 주변부의 영역이 제1세계 중심부의 대도시로 들어왔다는 지점을 짚으며—논의한 것을 상기해보자. 이처럼 지금의 당사자(로서의 지위를 취득할 수 있는 힘을 가지고 있는 이들) 역시 항구적인 불안정성에 놓여있다. 물론 이는 '종삼'이나 톰킨스스퀘어라는 특정하고 특수한 도시 세부구역의 시공간에만 놓여있는 조건만은 아니다.

사회학자 김재형은 한국 근대의 지역사회에서 한센인들을 신고하고 격리했던 이들이 (전염병에 대한 공포, 더 정확하게는 전염병에 의한 가시적 징표의 전이에 대한 공포를 매개로 한) 각지의 지역 주민들이었다고 논한 바 있다.[180] 여기서는 그 지역 주민들이 일단의 비감염자-'정상인'으로서, 감염자-'비정상인'들을 배제함으로써 버틸 수 있었던 공간적 당사자였다고 바꿔 말할 수 있을 것이다. 한센인의 사례가 보여준 것은 한편으로 당사자로 남은 이들은 언제나 감염될 수 있다는 점이었다. 달리 말해, 언제든 '비정상인'이라는 낙인과 함께 내쫓길 수 있는, 공간의 비당사자가 될 수 있다. 스스로를 당사자로 구성한 힘은 해당 당사자에게 영원히 합착되는 것이 아니라 언제든지 상실될 수 있는 조건부의 요소인 것이다. 다른 한편으로, 한센인 사례는 질병에 관한 낙인이 사회적으로 끊임없이 재구성되는 것처럼, 배치-배제하는 힘의 논리는 영속적으로 가변한다는 것을 보여준다. 물론 도시공간의 끊임없는 재구성의 메커니즘은 당연하게도 특정한 질병 여부만을 따지지 않는다. 1960년대 '종삼'에서 작동한 배치-배제하는 힘의 논리와 1980-90년대 톰킨스스퀘어의 배치-배제의 논리는 다르다.[181] 그리고 지금-여기의 배치-배제 논리 역시도 상이해졌다. 다종다양한, 그리고 가변하는 배치-배제하는 힘의 논리가 도시공간의 재구성/재구조화를 구성한다. 그런데 앞서 살핀 것처럼 도시공간은 끊임없는 재구조화 자체를 스스로를 구성/유지시키는 주요한 특질로 갖는다. 그리고 재구성/재구조화는 당사자의 범위와 지위를 끊임없이 변모시킨다.

그렇기에 당사자는 일정한 공간을 점하고 있기에 당사자

가 될 수 있는 것이 아니다. 오히려 먼저 공간을 점하고 있었더라도, 배치-배제하는 힘에 의해서 타자나 문제라고 규정된다면 그는 점하고 있는 공간을 상실하고 주변부/변경지대로 재배치된다('종삼'과 톰킨스스퀘어, 그리고 이 책의 9장을 함께 참고). 당사자는 배치-배제하는 힘의 논리에 의해서만, 그 힘의 논리에 부합하는 힘을 갖출 수 있을 때에만, 당사자로서 구성된다. 그리고 계속적으로, 또는 새롭게 일정한 공간을 점할 수 있게 된다. 그런데 배치-배제하는 힘의 논리는 (다른 스케일들의 다종다양한 힘들과의 관계 속에서) 계속적으로 가변한다. 그렇기에 당사자는 항속적으로 불안정한 지위다. 당사자가 당사자이기 위해서는, 스스로를 당사자로 구성한 '상위'의 힘의 논리에 계속적으로 부합해야 하는 까닭이다. 달리 말하자면, 도시공간의 당사자는 스스로가 당사자일 수 있는 힘을 놓거나 놓치는('상급'의 논리를 공유하지 않게 되는) 순간 당사자가 아니게—타자가—될 수 있다. 그렇기에 당사자주의에만 기댄 도시정치는 필연적인 한계에 봉착한다. 당사자주의에만 기대는 도시정치는—그 정당성을 구성하는 당사자만을 주체로 상정한다는 점에서—당사자 스스로를 항구한 불안정성의 상태에 놓는 도시공간의 상/하위를 분절하는 '판' 자체를 타격할 수 없다.[182]

▫▪▫ 당사자주의 도시정치의 양가성
: 뉴욕 하이라인을 경유해 지금–여기의 도시공간으로

그렇다고 해서 당사자주의 도시정치를 배치-배제하는 힘에 의한 탑다운의 도시정치와 완전히 등치시킬 수 있는 것은 아니다. 실제로 이루어진 도시공간에서의 당사자 본위 행동의 전례들은 당사자주의가 주류화된 의사결정 방식과는 일정하게 다른 의사결정의 가능성과 공간구성의 역량을 갖출 수 있음을 보여준다.

동시에 이들 전례는 당사자의 불안정한 지위에 대응하기 위한 행동이 결국 당사자와 타자 간 지위를 계속하여 선별하며 도시공간을 '닫게' 만들 수 있다는 한계를 노정하기도 한다. 앞선 톰킨스스퀘어의 대치와 같은 도시의 다른 시기, 뉴욕 맨해튼의 미트패킹 지구(Meatpacking District)에서 2000년대부터 2010년대에 진행된 도시재생의 결과물 하이라인(The High Line)은 상술한 당사자주의 도시정치의 명과 암이 동시에 포착되는 사례의 하나다. 여기서는 하이라인의 사례를 경유하며, 다시 지금-여기의 도시공간의 문제로 돌아가고자 한다.

하이라인은 뉴욕에 소재한 선형공원이다. 기존의 화물철도의 고가 노선에 꽃과 나무, 벤치 등의 조경물을 설치하여 보행공원으로 재활용한 하이라인은 도시재생의 선구 사례의 하나로 손꼽히며, 한국의 서울로7017을 비롯한 각지의 도시재생의 중요한 참고대상이 되기도 했다. 하이라인이 특히 주목받는 것은 기존의 물자 수송 목적의 시설물을 공원으로 재편했다는 점뿐만 아니라, 시민단체인 '하이라인 친구들'(Friends of the High Line, 이하 FHL)을 중심으로 한 지역 주민들의 참여에 의한 다운탑 방식의 도시재생 사례라는 점에 기인한다.[183]

여기서 중요한 것은 FHL의 설립자이자 대표자인 조슈아 데이비드(Joshua David)와 로버트 해먼드(Robert Hammond)가 모두 하이라인 활동 이전에는 도시나 건축을 전공하거나 관련한 활동을 하던 이들이 아니라는 점일 수 있다. 이들의 활동 기반은 게이 운동, 그리고 미트패킹 지구의 지역 모임이었다. 하이라인 철로가 입지해 있던 미트패킹 지구는 폐공장의 저렴한 부지에 게이 펍·클럽·이발소 등이 진입하여 밀집하게 된 뉴욕 게이 하위문화의 중심지 가운데 하나였다. 데이비드와 해먼드는 '본인'들의 공간이 사라지기를 바라지 않기를 바라는 마음에서—즉 뉴욕 게이 문화의 지역적 당사자로서—관련 활동을 시작하였다고 밝히기도 했다.[184] 다만, 해당 도시공간의 '당사자'가 게이 및 관련 업장들에 국한되는 것은 아니었다. 이를테면 프로젝트 초기까지 인접 부지의 부동산 소유자들은 고가의 철거를 꾸준히 주장하기도 했다. 이에 데이비드와 해먼드가 중심이 된 FHL은 한편으로 인접 토지 소유자들을 설득하는 한편, 퀴어정치(특히 동성애 정치)에 상대적으로 친화적인 뉴욕 정계와 문화계의 리버럴 엘리트들의 지지를 촉구했다.

이와 같은 설득과 촉구의 과정으로 수 년의 시간을 거치며 목적을 달성한 FHL은 고가의 철거를 저지하고 이를 공원화[185] 하는 일차적인 프로젝트의 성공을 거둘 수 있었다. 또한 하이라인의 직접운영권을 확보할 수 있게 되었다. 특히 데이비드는 "하이라인 프로젝트 전반에 녹아있는 퀴어함은 게이성(gayness) "그 자체"라고 밝히는 등,[186] FHL과 함께 게이 문화를 바탕으로 하는 하이라인의 운영 방침을 수립했다. FHL은 하이라인의 운영 과정에서 '단지 직선/이성애만은 아닌(NOT QUITE STRAIGHT)'라는 표어를 공개적으로 내걸기도 했고, '덤불 뒤에서: 하이라인 속 숨겨진 게이의 역사(Behind the Bushes: The Secret Homo History of the High Line)'라는 제목의 행사를 개최하기도 했으며,[187] 하이라인 공원 위에서의 게이 남성 모델의 누드 사진집[188]을 발간하는 등 이곳이 지역 당사자-정체성 당사자로서 (뉴욕의, 또는 미트패킹 지구의) 게이 시민들의 장소일 수 있음을 부각했다.

이처럼 하이라인은 공원화에서부터 실제 운영에 이르기까지 미트패킹 지구 일대의 게이 문화를 기반으로 스스로의 정당성을 확보하고자 했다. 그 자체가 문제가 되는 것은 아니었다. 그러나 FHL의 하이라인은 계속 갱신해야 하는 운영권 정도를 취득할 수 있었고, 그렇기에 인접한 부동산 소유자 및 FHL의 활동을 지지했던 도시 엘리트 그룹에게 계속해서 스스로를 증명해야만 했다. 그렇기에 이들은 자신들과 가까운 유형의 사람들을 '좋은 시민'으로, 이에 속하지 않는/속할 수 없는 이들은 '나쁜 시민' 내지는 '비 시민'으로 구분하기 시작했다.[189] FHL은 이후 '일반 시민의 편의'를 명분으로 내세우며, 하이라인에서 금지해야 하는 행위(홈리스, 마약 등)를 규정했고,[190] 이를 엄격하게 단속하기도 했다.

또한 하이라인의 '성공'은 도리어 하이라인 '위'를 게이 문화의 영역으로 남겨놓는 가운데, 데이비드와 해먼드를 비롯한 FHL의 도시정치의 출발점이었던 미트패킹 지구의 소수자 문화를 균질화하게 됐다. 하이라인이 전 세계 관광객이 방문하는 도시 뉴욕의 명물로 떠오르며 인접 부지의 부동산 가치가 대폭 상승했기 때문이었다. 이는 한편으로 처음에는 사업 자체를 반대했지만 이내 FHL의 입장을 수용했던 인근 부지의 부동산 소유자들에게 호재로 작용했다. 그런데 다른 한편에서는 폐쇄된 육류 가공공장 지역이던 미트패킹 지구의 저렴한 임대료에 기대 이곳에 머물 수 있었던 도시의 소수자들, 특히 인종적 소수자들(Black, Asian, Minority Ethnic: BAME)의 상당수는 지가와 임대료의 동반 상승이나 일대 건물의 고층화에 따라 더 이상 지역에 머물 수 없게 되었으며, 떠나야만 했다.[191]

하이라인을 둘러싼 일련의 사실들은 실제 당사자주의 도시정치의 양가적인 면모를 보여준다. 한편으로 하이라인은 도시공간의 문제에 당사자가 본위로 개입해야 한다는 당사자주의가 — 도시공간에서 당사자의 당위가 상식이라고 믿어진다는 점에서 — 실제적인 영향력을 발휘할 수 있다는 사실을 보여준다. 이는 특히 인가될 수 있는 당사자성을 가진 당사자들이 '합법적'인 방식으로 공간을 이용하고 심지어 전용(轉用)하고 운영할 수 있는 '합법적' 조건을 마련해준다. 실제로 FHL의 운동 전략은 정체성 정치의 당사자주의와 도시정치의 당사자주의를 결합함으로써, 뉴욕이라는 도시 주류문화의 맥락에서 (거부의 대상이 되는 빈곤과 달리) 일정하게 인준될 수 있는 자신들의 성적 정체성(동성애)을 지역적인 차원으로 내세우는 것이었고, 그렇기에 당사자로서의 정당성을 인준받을 수 있었다.

그러나 그 인준을 유지하기 위해서는 — 즉 하이라인에 있어 계속 당사자일 수 있기 위해서는, 그리고 당사자로서 운영권을 확보할 수 있기 위해서는 — 인준하는 이들과의 관계, 또는 인접 영역에서 보다 합법적이고 강력하게 여겨지는 지역 당사자성(부동산 소유권)을 인정받는 이들과의 호의적 관계의 훼손을 피했어야 했을 것이다. 달리 말한다면, 인준받음으로써 정당성을 구성한 당사자들에게 스스로의 지위-질서를 구축하는 '판' 자체가 흔들리는 상황은 곤란한 것이었다. 이로부터 FHL이 도시의 행정과 제도정치, 그리고 부동산 경제가 인준하지 않는 영역들에 대해서는 이들을 '타자'로 선별하고 배제했던 것이 설명된다. 하이라인의 '위'에서는 의도한 것이었고(일반 시민과 홈리스의 선별과 구분의 방침), '주변'에서는 의도하지 않은 것이었지만(인접 부지의 지가상승과 소수자의 밀려남), 결국 하이라인에서 FHL은 경찰력이나 부동산 경제라는 배치-배제하는 탑다운의 힘이 직접 개입하지 않더라도 당사자들이 자발적으로 비당사자(라고 규정한 이)들을 규정하고 몰아내는 움직임을 만들어냈다. 사회적 규범에 굴복하고, 이로써 동네의 '강점'을 '강화'할 수 있다고 인정함으로써, 스스로를 '좋은 시민'으로 규정한 FHL의 활동가들은 결국 토지의 소유자와 정치인, 경찰과 함께 하이라인의 재편을 둘러싼 과정에서 창출된 이익(운영권과 명성)을 나눠 가질 수 있었다. 즉, 하이라인의 사례는 위에서 아래로 가해지는 힘만이 배치하고 배제하는 것은 아니라는 것을 보여준다. 오히려 그 힘에 어떤 면에서 대항하는 것처럼 보이는(때로는 어느정도 대항하기도 하는) 당사자들의 내부적인 선별은 (특수한 상황의 부작용이라기보다는) 당사자주의 도시정치의 다른 이면에 해당한다.

이상으로 보다 '선명한'—전술한 것처럼 선명함은 그 자체로 양가적인 개념일 수 있다—사례로서의 뉴욕의 하이라인의 도시공간을 짚었지만, 그 예시가 당사자주의 도시정치의 양가성이라는 논의를 지금-여기와 이격하는 것이 되어서는 곤란할 것이다. 설령 '선명함'의 정도나 양식의 차이는 존재할 수 있겠지만, 지금-여기의 도시공간의 도시 과정과 형태 역시 하이라인과 완전히 구분되는 것은 아닌 까닭이다.

일단은 하이라인과 직접적 관계를 맺고 있는[192] 서울역 일대의 서울로7017을 상기해보게 된다.[193] 서울로7017은 (실효성에 대해서는 논란의 여지가 있지만) FHL과 유사하게 시민자치를 내세우는 조직 '서울로 7017 운영단'이 서울시로부터 수탁운영권을 위임받아 운영하고 있다. 그런 운영 하의 서울로7017에는 수많은 서울시민과 함께 각지에서 온 관광객들이 보행하고 있다. 그런데 이와 함께 서울로7017에서 목격되는 모습은 요새 도시라 일컬어지는 전형적인 경관이기도 하다(이미 앞서 많은 도시 연구자와 비평가가 논한 것처럼,[194] 현대 도시의 요새적 요소들은 방문자가 누구인지에 따라 전혀 다른 투과성과 작동 양태를 보인다). 서울로7017의 전 구간에는 순찰 경비인력('보안관')들이 배치되어 있고, 서울역 광장 및 서부역이라는 홈리스 밀집지대로부터 올라오는 출입구를 비롯하여 곳곳에는 초소들이 설치되어 있다. 공원 조경의 차원에서도 좌석은 원형 화분 둘레에만 설치되어 누울 수 없게 마련되어 있다. 공원 운영의 차원에서는 취식·취침·음주·흡연 등을 금지하는 규약들이 정립되어 있고, 이를 음성으로 경고하는 방송이 수시로 나오기도 한다. 서울시와 운영단이 함께 발간한 문건[195]에서는 이미 '노숙인'과 '노점상'을 4대 주요 관리사항으로 설정함으로써, 거리 생활자들에 대한 엄격한 통제를 방침화하기도 했다. 서울로7017은 공식 서사화를 통해 24시간 내내 '시민에게' 개방되어 있는 공간이라는 점을, 그리고 시 당국이 아닌 시민 당사자들에 의해 운영되는 공간임을 중요한 사업 명분으로 강조한다. 그런데 홈리스와 노점상을 비롯한 이들의 진입은 도리어 24시간 내내 개방되어 있지 않다. 이들은 개방된 공간에 진입할 수 있는 시민의 지위를 인정받지 못한다. 요컨대 서울 '시민'으로서의 일종의 당사자성을 바탕으로 운영권을 위임받은 운영단은 '시민'(또는 시에 방문한 관광객)으로서 공원의 당사자가 될 수 있는 이들을 선별한다.

문제는 이와 같은 당사자주의에 입각한 도시공간의 선별적 도시 과정과 배제적 경관 요소의 실체가 하이라인이나 그로부터 영향을 받은 서울로7017 등 고가 선형공원이라는 특수한 건조양식에만 해당하는 것이 아니라는 데에 있다. 단적으로 최근 여러 도시의 공원, 가도의 벤치에는 앉아 있는 사람이나 캐릭터의 모습을 한 동상과 조형물이 설치되고 있다. 이들 제각각의 설치 의도가 설령 표면적 목적에서 각지의 상징에 입각한 것이라고 하더라도, 이들은 다른 곳에서 머물 곳을 상실하여 이곳에 들어온 거리 생활자들(특히 홈리스)이 휴식을 취할 수 있는 특정 동작(눕기)을 금하는 부차적인 기능을 공통적으로 수행한다. 심지어, 잘 알려진 중산층 주거지역에서는 거주민-당사자들의 민원에 의해 공원과 가도의 벤치에 없었던 배제 장치가 설치되거나, 또는 벤치 자체가 없어지는 경우도 적잖이 존재한다. 또한 바우만이 지적한 부유한 버전의—내부에서 통제할 수 있는 선별적 경계와 출입구를 가진—하이퍼 게토[196]는—전형적인 양식으로서의 미국식 타운하우스에서뿐만 아니라—지금-여기의 가장 '보편화'된 주거양식, 아파트 단지가 게이티드 커뮤니티의 물질적·상징적 경계를 취득함으로써 '적용'되고 있다.[197] 같은 아파트 단지 내에서조차 소유자 단지와 임대 단지를 나누거나, 아예 따로 출입구를 설치하는 방식을 통하여 내부에서 당사자를 나누는 도시 과정 역시 목격되기도 한다. 이와 같은 지금-여기의 배제적, 요새도시적 경관은 적잖은 경우 직접적으로 주민-당사자(만)의 발언권과 결정권(민원, 청원, 주민투표, 조합원투표 등)이라는 명분에 의존하고 있기도 하다.

▫▪▫ 결론을 대신하여
: 당사자주의 너머 도시정치의 모색을 위하여?

당사자성에 기댄 도시에서의 행동이 갖는 일정한 의의와 가능성을 전적으로 부정할 수는 없을 것이다. 당사자의 관점에서 상/하위가 나뉘어 있는 도시공간의/도시공간에 관한 의사결정 구조 '내부'에서 위로부터 결정되어 내려오는 사항을 아래로부터 문제시할 수 있으며, 이는 지방자치를 비롯한 제도와 심식을 경유하여 동력을 확보할 수 있다. 당사자주의 도시정치는 도시공간 건설의 의미 변화에 일정하게 관여했고, 그 성과 전부를 부정하는 것은 곤란하다.

그런데 문제는 당사자라는 사실만으로 행동의 정당성이 구성되는(것이라 믿는) 당사자주의 도시정치가 도시공간을 일종의 제각각의 영역으로 쪼개어 나눠 갖게 된다는 것이다. 당사자 본위의 논리에서는 모든 이들이 당사자로서의 권리를 가진 한정된 영역에만 개입할 수 있기 때문이다. 당사자'만'을 도시공간의 정당화된 유일한 결정 주체로 선험적으로 특권화함으로써, 그저 '너도 맞고, 나도 맞는' 상태로 서로 침범하지도 개입하지도 문제시하지도 않게 되어버린다. 이 과정에서 당사자들의 영역으로 나누어진 도시공간은 제각각의 '닫힌' 영토로 상대화된다. 특정한 도시공간이 전적으로 고유한 논리로 인해 생산되는 것이 아니라, 연접한 토지와의 관계, 그리고 이동하고 순환하는 온갖 사물들의 모빌리티 네트워크로 얽혀 이어지는 다른 지역과의 관계지리에서 생산된다는 사실은—그리고 그로부터의 도시정치의 실질적인 동력은—상실된다.[198]

공간의 상대주의적 (재)영토화는 실상 상위 논리에 의해 구획된 공간을 나눠 가진 이들이, 스스로가 영토에서 (배제되지 않을 수 있는) 당사자라는 점만으로 정당성을 구성하게 한다는 점에서 순환 오류에 봉착한다. 순환 내부의 일정한 시공간적 국면에서, 상대화된 영토 상위(라고 당사자들이 동의한) 스케일의 논리와 당사자들의 당사자성은 서로를 지탱한다. 그러나 상위 스케일의 논리는 그것과는 다른 수직적·수평적 스케일들과의 관계에서 얼마든지 변형될 수 있다. 즉, 당사자라는 지위는 특정한 시공간적 국면의 기준에서 채택되고 인준된 일시적인 파편으로서 존재할 뿐이다. 끊임없이 가변하는 도시공간의 작동, 즉 도시화 및 도시 재구조화의 과정에서 인준된 당사자는 유지될 수도, 회수될 수도, 갈아치워질 수도 있다. 그렇기에 당사자성은 불안정하다.

때문에 (통념상) 탑다운의 논리에 맞서는 다운탑의 가능성을 가지고 있었던 도시공간의 당사자들, 그리고 당사자주의 도시정치의 가능성은 스스로 굴절한다. 이때의 굴절은 리처드 세넷이 지적한 공동체주의의 본원적 문제와도 중요하게 상응한다. 당사자주의-공동체주의는 '차이'를 생산하는 본질적인 권력 위계와 소재, 그 분배의 변화를 가져오지 못한다. 공동체 통제와 유사하게 당사자주의 정치 역시 내부의 '타자'-'소수자'-'약자'-'비정상인'을 끊임없이 선별하고 배제하면서 이들에 대한 억압기제로 작동할 수 있다.[199] 당사자성을 부여받지 못한—즉 일정 조건 하에서 구성되는 당사자성의 조건(힘)을 갖추지 못했거나 인준될 수 없는—이들에게는 해당 도시공간에 대한 온갖 종류의 참여(개입, 거주, 취사, 시위, 영업, 때로는 통행이나 발언에 이르는)가 제약된다. 제약하는 것은 한편으로 배치-배제하는 외부로부터의 힘이지만, 다른 한편으로는 당사자들 스스로가 스스로의 불안정성을 극복하기 위한 내부 선별의 힘의 작용으로 나타나기까지 한다. 당사자 본위의 논리에서는 내부 선별을 통해 외부로부터 인준되는 당사자성을 유지할 수 있기 때문이다.

당사자주의에 천착하는 도시정치는 그것이 여러 스케일로 나눠질 수 있더라도, 결국 스케일들이 서로의 관계에 따라 끊임없이 (재)구성되는 것임을 비가시화한다. 이로써 도시공간에서의 당사자 본위의 방침은 도시공간이 공통의 지대, 관계의 장소일 수 있음을 망각하게 한다. 도시공간이 공통의 지대, 관계의 장소라는 것은 도시공간에서의 일정한 회로나 결절에 대한 타격이 도시공간이라는 지리적 중심부에 위치하는(위치할 수밖에 없는) 스케일의 구성논리를 타격하는 것이 될 수 있음을 의미하며 내파의 정치성을 갖는다.[200] 그러나 당사자주의 도시정치가 스케일 내부의 고유성이나 특정 스케일(예컨대 '내 집', '내 아파트단지', '내 동네', 몇 개의 구로 매끈하게 분할된 도시의 상)의 독자성에만 천착함으로써, 스케일들을 넘나들거나 또는 상/하위와 차이/차별을 생산하는 '판'이나 '판'의 작동 자체에 대해서는 개입하기 어렵게 된다. 이에 대한 '너머'를 모색하기 위한 일단의 과제는 당사자의 구성 과정에서 당사자라는 지위에서 밀려난 이들과 영역들이 존재할 수 있으며 그 밀려남으로부터 현재 당사자(영토)의 지위가 구성될 수 있었던 것임을, 따라서 특정 관계나 스케일에서 당사자인 이들이 다른 관계나 스케일에서는 당사자가 아닐 수 있음을(또한 그 역 역시도 가능함을) 드러내는 것일 수 있다.

그런 점에서 우리가 살핀 서울과 뉴욕의 앞선 도시적 경험, 특히 □□과 톰킨스스퀘어의 '패배'는 그와 같은 실천의 가능성에 관한 일종의 힌트를 앞서 보여주는 사례가 되기도 한다. □□의 젠트리피케이션 상황에는 물리적이거나 제도화된 당사자성에 구태여 해당하지 않더라도, '외부'(라고 전형화된 담론이 규정한 영역)로부터의 연대가 존재했다. 톰킨스스퀘어의 현장에서 통제하려는 경찰과 대치한 것은 로어이스트사이드의 주민으로 등록된 이들만이 아니었다. 다른 곳에서 밀려나 톰킨스스퀘어에 들어온 홈리스, 그리고 구획된 도시세부구역의 주민 등록자들만이 아닌 뉴욕 대도시권의 각지로부터 투쟁에 연대한 활동가와 예술가들이 함께한 것이다. □□과 톰킨스스퀘어의 연대자들은, (스스로의 한정된 영토 내부의 문제가 아니더라도) 해당 도시공간에서 인준된 당사자성(특히 부동산 소유)을 갖추고 있는 일종의 당사자들이 스스로의 당사자성을 강화하며 다른 이들을 당사자 아닌 존재로 선별하고 배제하는 과정에 대해 함께 대항했다.[201] 구획된 스케일에 천착하고 영토화해 도시공간을 닫고 그 내부의 한정된 스케일에 스스로 갇히기보다는, 여러 스케일들을 가로지르며—가령 도시에서 구역으로, 구역에서 구역으로, 구역에서 도시로—제각각 당사자들의 영토로 구획된 '다른' 지리적 영역에 개입함으로써 연대한 것이다. 설령 이들의 투쟁이 공식 서사에서 패배로 규정되었더라도, 경험과 기억, 그리고 관계는 남았다. 연대의 과정에서 과거 젠트리피케이션으로 '뜨는 동네'를 찾아 □□에 진입했던 업주의 00식당은 연대를 거치며 해당 '동네'의 스케일에서 뿐만 아니라 서울 대도시권의 반젠트리피케이션 투쟁의 일정한 아지트로 활용됐다. 톰킨스스퀘어 주변의 스쾃된 건물들에서는 홈리스들과 활동가들의 관계 맺기가 이루어지기도 했다.[202]

요컨대 이들 사례의 공식 서사와는 다른 이면은 영역에 대한 관심을 포기하지 않으면서도 그 영역과 (도시공간이라는 이유에서 특히 '필연적으로') 관계 맺을 수밖에 없는 다른 영역에 대해 개입함으로써 연대하는 가능성을, 즉 당사자주의 도시정치 너머의 가능성을 보여주는 것일지도 모른다. 그리고 이는 도시공간에서의 당사자주의 너머의 모색에 있어 중요한 힌트를 제공한다. 우선 이론적 차원에서 당사자라는 개념의 보다 철저한 탈구축이 필요하다. 이는 지금-여기에 관한 철저한 국면의 분석을 필요로 한다. 도시공간의 당사자(주의)의 문제는 결코 떨어져 있는 시간적, 공간적 차원의 문제가 아니며 바로 지금 작동하고 있기 때문이다(예컨대 공원의 배제적인 벤치의 경관으로). 따라서 국면 분석은 한편으로 지금-여기에서 당사자성의 인준 기준은 무엇인지, 이로부터 어떠한 이들이 당사자로서 특정한 영토에 대한 발언권이나 결정권을 행사하고 있는지를 탐색하는 것이 되어야 한다. 또한 당사자성을 인준하는 힘들이 어디에서 기인하며, 배치와 배제가 어디서 작동하고 있는 것인지의 작동지점(내지는 결절점)을 찾는 것이기도 해야 할 것이다. 그렇다면 당사자주의 너머 도시정치에 있어 실천의 차원은 이론적 차원과 엄격하게 구분될 수 없다. 연대란 결국 제각각에게 인준된 도시공간의 특정한 세부범위(영토)나 사전적으로 구획된 규모의 공간—"사전배제를 통해 그어진 경계"[203]—내부에서만 수행되는 것이 아닐 수밖에 없다는 까닭이다. 즉, 당사자주의 너머의 도시정치의 모색은 철저한 분석과 실천을 함께 요한다.

후주·참고문헌

1부. 구축

공간주의 구상 1안

1 Soja, 2000/2019.

2 대표적으로 Massey, 2005/2016.

3 Sennett, 2018/2020.

볼 수 있는 것과 느낄 수 있는 것 사이

4 아시아문화전당 건설과 옛 전남도청을 기억 공간으로 만드는 것에 관한 과정 및 논의는 신혜란(2022)을 참조하길 제안한다.

5 5·18 민주화운동 특별전, n.d.

6 Böhme, 1995: 15; 심혜련, 2019 재인용.

7 심혜련, 2019.

8 심혜련, 2019: 17.

9 심혜련, 2012.

10 박솔뫼, 2021: 91.

11 박솔뫼, 2021: 18.

12 Azoulay, 2019.

리미널스페이스론

13 Aesthetics Wiki, 2010s, https://aesthetics.fandom.com/wiki/Liminal_Space에서 22/09/29에 가져옴

14 Augé, 1992/2017.

15 The New Yorker, (n.d.), https://www.newyorker.com/culture/rabbit-holes/the-pleasant-head-trip-of-liminal-spaces에서 22/09/29에 가져옴.

우리도 건설한다?

16 관련한 상세한 논의는 이 글의 후속작업으로 발표한 연구(이승빈, 2022)를 참조. 이 글의 초안을 공간주의 웹 지면에 처음 작성해 공개한 이후 받을 수 있었던 코멘트를 또 다른 시작점으로 <건설의 메아리>에 관한 학술논문을 작업하고 발표할 수 있었다. 여러 과정에서 도움 주신 분들께 감사의 뜻을 전한다.

17 허은광, 2008: 286.

18 이승빈, 2021c.

19 cf. Jovanović, 2017: 113-167; Watkins, 2019.

20 Watkins, 2019.

21 cf. Döring & Thielmann, 2008/2015; Soja, 1989/1997.

22 Hall, 1996/2015.

23 Scott, 1998/2010.

24 한석정, 2010, 2012; 박홍근, 2015a 등을 중요하게 참조할 것.

25 <알바루 시자와 담배 한 대를(Having a Cigarette with Alvaro Siza)>(아인 딜테이, 2016), <로리 베이커: 상식을 넘어서(Uncommon Sense: The Life and Architecture of Laurie Baker)>(비니트 라다크리슈난, 2017) 등.

26 Lefebvre, 1974/2011.

2부. 순환

물과 변으로 상상력을 수혈하기

27 매일경제, 1971.04.23.

28 조선일보, 1966.09.23.

29 한겨레, 1990.09.11.

30 조선일보, 1946.01.31.

31 경향신문, 1946.11.19.

32 동아일보, 1948.12.12.

33 경향신문, 1950.02.09.

34 동아일보, 1960.10.14.

35 조선일보, 1962.03.20.

36 동아일보, 1969.09.29.

37 조선일보, 1964.01.07.

38 조선일보, 1967.03.28.

39 경향신문, 1968.02.12.

40 조선일보, 1968.03.21.
41 조선일보, 1970.06.20.
42 매일경제, 1970.02.25.
43 동아일보, 1970.04.14.
44 조선일보, 1970.06.23.
45 조선일보, 1970.11.22.
46 동아일보, 1976.09.21.
47 동아일보, 1973.02.14.
48 조선일보, 1973.12.18.
49 조선일보, 1973.12.18.
50 조선일보, 1975.12.17.
51 경향신문, 1975.07.21.
52 원주영, 2020.
53 노재식, 1984.
54 권숙표, 1987.
55 동아일보, 1973.05.30.
56 매일경제, 1983.02.09.
57 매일경제, 1985.08.13.
58 동아일보, 1988.07.27.
59 매일경제, 1986.09.11.
60 경향신문, 1987.09.09.
61 동아일보, 1993.06.25
62 한겨레, 1988.06.07.
63 경향신문, 1989.02.09.
64 한겨레, 1989.03.01.
65 동아일보, 1990.12.15.
66 김갑수, 1995.
67 김갑수, 1993.
68 동아일보, 1991.09.28.
69 동아일보, 1991.09.09.

서울에서 숨쉬기

70 이승빈·김영대·신지연 (편), 2021. <잡종도시서울> 프로젝트에는 이승빈·김영대·신지연(엮고 지음)과 함께 장가연·최서현·손영빈(공저), 김준수(강연·부록), 양지영(표지), 김다예·김지윤(도움) 등이 중요하게 참여했다.

71 Adey, 2014/2015.

72 Adey, 2013.

73 Bissell, 2008.

74 한국일보, 2019.10.22.

75 연세춘추, 2016.05.07.

76 Adey, 2013.

77 Simmel, 2005: 173.

78 한국일보, 2016.04.04.

79 연합뉴스, 2021.02.08.

80 환경부, 2016.

81 한겨레, 2019.02.15.

82 환경부, 2016.

83 중앙일보, 2019.03.06.

84 환경부, 2021.

85 국민일보, 2019.02.11.

86 Apata, 2020.

87 전치형·김성은·김희원·강미량, 2021: 7.

사건: 도시(간)지하(사이)공간

88 대표적으로 Graham(2016/2019), <수직사회>에서의 논의를 참고할 것.

89 cf. Soja, 2000/2018: 46-47.

90 비장소(Non-lieu)는 인류학자 마르크 오제(Marc Augé)가 주창한 영향력 있는 개념으로 '지금만 존재'하는 현재성의 지배를 보여준다. 이는 전통적 인류학의 '장소'와 짝패를 이루며 공간의 사회성과 상징화의 정도를 측정할 수 있는 수단이 된다(Augé, 1992/2017). 다만 비장소 개념의 엄밀함이나 무분별한 도시실체로의 적용에 대해서는 사회과학적·공학적 도시연구

진영의 비판이 계속되어 왔다. 이에 대해 도시와 모빌리티 연구자인 뱅상 카우프만(Vincent Kaufmann)의 지적을 참조해보자. "일부에서 열광적으로 떠받드는 이 짧은 책은 종종 지역적 경계의 소멸을 뒷받침하는 증거로 이용된다. 그러나 장소(정체성에 기반하고, 관계적이며 역사적인 곳)와 비장소(정체성에 기반하지 않고, 비관계적이고 탈역사적인 곳)를 비교한 이 책은 그 이분법 때문에 사회과학 분야에서 강한 비판을 받았다. 오제는 여행자와 통근자의 공간을 원형적인 비장소로 정의한다. 1992년 출판된 이후 이 책에 가해진 여러 비판들은 모빌리티의 공간적 한계 지점인 비장소 역시 관계가 이루어지는 장소이자 창조점이며, 기억의 매개에 따라 정체성에 기반하는 장소가 될 수 있음을 보여 주었다. 요컨대 마르크 오제의 이론은 잘못된 것임이 입증되었다. 그러나 그렇다고 해서 다른 연구자들이 이동이 늘어난 세계를 강조하려고 비장소 이론을 언급하는 일이 줄어든 것은 아니다"(Kaufmann, 2011/2021: 21-22). 물론 오제는 인류학적 '장소'와 현대적 '비장소'가 절대적 의미에서 실제로 존재한다는 것이 아니라는 점을 분명하게 제시한다(는 까닭에 카우프만의 비판이 다소 과도한 측면은 존재한다). 그러나 최소한 비장소론을 실재하고 상상되는 도시 실체들에 무분별하게 적용하려는 시도들에 대해서는 분명한 경계가 필요하겠다.

91 이승빈·김영대·신지연 (편), 2021: 101-109. '일러두기'를 통해 밝힌 것처럼 이 글의 논의는 앞선 글의 일부 내용을 잘라 책에 재이식한 것이다. 따라서 논의의 일부는 불가피하게 원전 글의 다른 챕터들에 기대고 있다. 책에 수록되지 않은 글의 나머지 부분은 <잡종도시서울> 독립출판 단행본(이승빈·김영대·신지연, 2021)이나 공간주의 홈페이지(attention2.space)에서 확인할 수 있다.

92 이승빈·김영대·신지연 (편), 2021: 110-134.

93 이승빈, 2021c: 179-183.

94 김포미래신문, 2008.8.18.

95 앞서 제시한 사례연구의 용례에 더해, 미셸 드 세르토(Michel de Certeau)로부터 원래 제기된 '저자' 개념의 다기성을 지전략 문제의 다른 핵심으로 고려할 수도 있을 것이다(cf. de Certeau, 1984).

96 cf. 이승빈·김영대·신지연 (편), 2021: 118-134.

97 경계짓기 과정에 대한 분석은 경계의 자연화를 거부하며 경계가 사회-역사-공간적 현상임을 드러낸다. 함께 강조되어야 할 것은 경계짓기가 행정적이거나 물리적인 일면의 구축물 '조성'이나 경계 논리 조성만을 의미하는 것이 아니라는 점이다. 이미 만들어진 "경계의 심화 과정 역시 경계짓기 과정의 필수적인 일부"(이승빈, 2021b: 114)라고 할 수 있다.

98 이승빈·김영대·신지연 (편), 2021: 110-118.

99 cf. 인천인, 2021.10.22.

100 데일리안, 2021.05.24.

101 골드라인은 '사건'에 앞서 이미 2019년 11월, 풍무역-고촌역 간 중간지점에서 화재 알람 오작동으로 열차가 멈춰섰던 적이 있고, 2020년 5월에는 차량 및 부품 결함으로 두 차례 멈춰섰던 이력을 갖고 있었다.

102 기호일보, 2020.12.23.

103 기관부문 전문가들은 이에 대해 초동대처의 미숙을 지적한다. TCMS 기동중지 시에도 비상전원으로 가동 가능한 최소한의 안전장치가 가동되어야 했으며, 여기에는 상황 안내를 위한 관제-객실간 방송송출이 포함된다는 것이다.

104 Garrett, 2013/2014. 같은 지면에서 개럿은 "출입금지가 당연한 조처라고 간주되는 공간의 경계를 넘어서면, 자신의 정체성뿐 아니라 권력과 도시공간 사이의 관계도 다시 돌아"(2013/2014) 볼 수 있게 된다고 논하기도 했다.

105 김포골드라인 측은 전차선에 전기가 흐르고 있다며 임의로 문을 열고닫지 말 것을 '안전조치'로 수시 강조해왔다.

106 '사건' 직후 김포시는 열차안전원 운영계획을 재검토하겠다고 밝혔으나, 서울교통공사의 자회사인 김포골드라인운영(위탁운영주체) 측은 팬데믹을 이유로 안전원 늘리는 것에 대한 유보를 주장했다. '사건' 이후 일주일이 지난 12월 28일, 김포시는 모든 열차에 열차안전원이 탑승하도록 지시하는 등 사고 대응체계를 재정비했다고 발표했다.

107 김포골드라인의 소유자와 운영사가 갈려 있다는 점은 책임 소재나 보상문제를 흐리는 원인이 되기도 했다. '사건' 이후 김포시청에서는 공식 브리핑을 통해 불편을 겪은 시민들에게 운임 '환불조치'를 하겠다고 밝혔다(동

아일보, 2020.12.22.). 이외 다른 보상이 제공되었는지에 대해서는 최소한 이 글의 작업을 위해 접근한 여러 소스들로부터는 확인할 수 없었다.

108 '사건'은 일단락되었으나, 그것은 이후 지속되는 도시 사이 공간 문제의 징후이기도 했다. 2021년 1월 5일에는 풍무역에서 고촌역 방향으로 운행하던 열차에서 비상제동장치 동작으로 인한 운행장애가 발생한다. 이어 이 글의 초안이 발표된 시점에는 (앞서 살핀 것과 유사한 구도에서) 김포골드라인운영의 파산 위기가 우려되고 있기도 했다. 소유주 김포시가 위탁운영사를 모집할 당시 5년간 1,183억 원의 운영비용을 산정하였으나, 서울교통공사 측에서는 (축적된 운영 노하우에 따른) 비용절감이 가능하다며 1,013억원에 입찰하여 자회사를 통해 운영을 담당하게 되었다. 즉, 여기에는 애초의 인프라 부족에 더해, 운영 문제에 있어서도 극단적인 저예산 상황에 처하며 인력난과 안전문제가 발생하였으나, 김포시와 서울시 산하 서울교통공사 모두 서로에게 책임을 떠넘기며 방관한 측면이 존재했다. 노동계와 시민계에서 요구하는 해결책에 대해서는 김포시는 이미 운영비용을 지급하였다는 이유에서, 서울교통공사는 서울지하철에 해당하지 않는 다른 노선에 자사예산을 투입할 수 없다며 개입을 거부하고 있는 상황으로 알려졌다.

109 이승빈·김영대·신지연 (편), 2021: 135-147.

110 2010년대 건조된 운하인 아라뱃길로 인하여 경기 김포시의 대부분 영역인 김포반도(인천 서구 검단 및 계양구와 서울 강서구의 일부 포함)는 교량이나 지하철을 지나지 않고서는 실상 물리적 접근이 불가능한 이른바 '섬'이 되었다. 이는 흔히 '김포섬'이라고 불리며, '검단섬'으로 불리기도 한다. 물론 학술적 엄밀함을 따지자면 인공 운하에 의해 분할된 지역을 일반적으로 섬으로 칭하지는 않는바, '김포섬'이라는 말은 분명 농담에서 출발한 것이었다. 그러나 이후 '김포섬'은 단지 지형지리 애호가들의 농담만은 아니게 되었는데, 이 '김포섬'의 구성을 근거의 하나로 김포시는 옛 김포군의 영역인 검단의 반환을 요청하였고, 또한 '김포섬' 바깥 '육지'에 해당하는 고촌읍 전호리 남측부 주민(특히 토지소유자)들을 중심으로 김포로부터의 독립과 서울로의 편입이 요구되고 있기 때문이다.

111 이 글의 초안이 처음 발표되고 약 2년의 시간이 흐르는 동안 '사건'은 계속

갱신되어 발생했고, 로컬의 맥락으로 축적됐다. 특히 2023년 초의 몇몇 반복된 '사건'들이 대대적으로 보도되며 김포골드라인은 이 글의 후기가 작성되는 시점 '전국적' 현안이 되었다. 그러는 와중 김포 골드라인의 혼잡률은 기록을 갱신했다. 인접도시 소재의 한 지역지는 김포골드라인을 '애물단지'로 말했다. 서울시장으로부터는 한강을 가로지르는 수륙양용버스 가 문제 해결의 대책으로 제기되기도 했다. 김포골드라인의 각 역사(驛舍)에는 대체 버스를 홍보하는 포스터가 붙었다. 또한, 김포공항역에는 서해선의 새로운 지하철 노선이 추가되었다. 이로써 김포공항역은 국내 최초이자 유일의 5개 전철 노선 환승역이 되었다. 이에 일각의 서울 시민들은 9호선의 혼잡도 재증폭을 우려하고 있기도 하다. (그리고 이 책의 후반 교정 시점에는, 김포의 서울 편입론이 공식 제기되어 전국 수준의 담론장을 뜨겁게 달구고 있다.) 요컨대 도시(간)지하(사이)공간이라는 '사건'은 현 시점 더욱 잡종화되고 있어 보인다.

이동하는 신체, 움직임 속의 감각

112 Adey, 2017/2019: 125.

113 Avila-Palencia et al., 2018.

114 Adey, 2017/2019: 251.

115 McIlvenny, 2015.

116 Furness, 2010: 88.

117 Larsen, 2014.

118 프레시안, 2020.09.10.

119 Adey, 2017/2019: 108.

120 Ingold, 2007.

3부. 모색

떠도는 이들은 어떻게 잊혀졌는가?

121 Kotef, 2015/2022.

122 Kotef, 2015/2022: 14.

123 Scott, 1998/2010.

124 오제연, 2014.

125 국제신보, 1960.05.14.

126 칼럼에서는 양아치를 “정처 없이 부랑하는 소년, 구두닦이, 신문 파는 아이들의 불량성에 치중한 호칭”으로 규정했다. 학생들만으로는 데모가 확산될 수 없었음을 언급하면서 이들 역시 4월 혁명의 주역이었다고 말하지만, 이 칼럼 역시 “학생들의 청류(淸流)에 양아치의 분별없는 탁류(濁流)”가 섞여 격류(激流)가 되었다고 말하며 두 집단을 구분하고 도시 하층민을 ‘양아치’로 낙인 찍고 있다.

127 한겨레, 2013.01.25.

128 이 문단의 이하 내용은 유경남(2013)의 논의를 중요하게 참조함.

129 박홍근, 2015b.

130 이정선, 2021.

131 강상우, 2020.

132 이 문단의 이하 내용은 이정선(2021)의 논의를 중요하게 참조함.

133 거대한 국가 폭력 앞에서 광주의 사람들은 연대하였으나, 이들 내부의 위계가 작동하지 않았던 것은 아니다. 이정선(2021)은 도시 빈민을 일탈자로 간주하던 1970년대까지의 오랜 인식들이 겹쳐지며 시민들 내부의 불안감과 불만이 형성되었다고 지적한다. 선량한 ‘국민’과 ‘폭도’로 나눠 내부 분열을 책동하려던 계엄군의 시도는 ‘부랑자’의 시위 참여에 대한 내부의 불안과 경계심과 만났다. 사람들은 광주에 간첩이 있는 것은 아닌지 스스로 의심하기 시작했고, ‘시민’ 전체가 ‘폭도’로 몰리지 않기 위해 무장 해제를 시도했다. 정부의 폭도론은 항쟁 이후에도 광주 사람들을 분열시켰다.

134 초기 명칭은 ‘무궁갱생원’이었던 광주 월산동의 이곳은 1956년에 설립된 사설 부랑아 수용 단체로, 1979년 자활근로대 개편 당시, 무궁갱생원의 수용자 일부는 새마을재건회에 편입된 것으로 추정된다. 경찰의 협조

하에 불법 감금이 자행되었는데, 갱생원 간부들은 부랑자가 아님에도 허술한 옷차림을 한 사람, 도민증이 없는 사람까지 잡아다 강제 노동을 시켰다. 이러한 사실이 드러나 간부들이 구속되고 대인동파출소 순경도 입건되었다. 갱생원에서 한센병의 전염도 확인되었으나 보건사회부와 전라남도 관계자는 '거지'나 부랑자를 단속하기 위해 갱생원을 해체시키지 않았다. 이후 1977년에 열린 전국체전 당시에는 월산동의 50평을 추가로 사용하도록 허가받아 수용인원이 450명에 육박하였다(이정선, 2021).

135 국회 광주진상조사특위 청문회 증언, 1989.02.23; 강상우, 2020 재인용.

136 광주광역시 5.18사료편찬위원회, 1999: 93-94.

137 이정선, 2021.

138 이정선, 2021: 74.

139 지금은 사라졌으나 얼마 전만 하더라도 우리는 QR 코드를 찍어야 어딘가에 입장할 수 있었다. QR 코드를 거부하거나 증명할 수 없는 자들은 이동이 통제되었고, 이에 관한 논의는 활발히 되지 못했다. 이 외에도 오늘날 각종 스마트 기기를 통한 위치 추적, 신용카드와 교통 정보 연계 등 여전히 기록과 이동은 연계되어 있음을 상기할 필요가 있다.

140 동아일보, 1962.06.18.

게임의 공간에서 자율성 혹은 행위역량을 궁구하며

세계 열기 혹은 메타게이밍을 위한 공용 장치

141 게임으로 만들어진 백룸이 주는 실망감도 마찬가지의 역학을 담고 있는 듯하다. <마테리알>에 연재된 나원영의 대체현실유령 5편 '현실에서부터 노클립되기'가 보이고 있듯 백룸은 오히려 불길한 정지화상으로 남아 있을 때에 상상력이 활동할 공간으로 남아있을 수 있다. 네트워크화된 호러 서사의 개방형 혁신에 비해 특정 게임 장르로 컴파일된 상징계로서 백룸의 생명력은 거의 죽어있다.

142 Mod DB에는 현재 303개의 둠과 둠 소스포트 기반 모드가 아카이브되어 있다. 또한, 도미니크 타라슨(Dominic Tarason)이 2021년경 작성해 업데이트한 목록을 따르면 GZDoom을 기반으로 개발된 독립 개발 게임의 수

는 약 79개이다.

143 브뤼노 라투르(Bruno Latour)의 과학인류학 저작, 예컨대 Latour(1987/2016)에서 테크노사이언스 연결망 번역의 제도적/문화적 양태를 참고하라.

도시에서 당사자를 의심하기

144 cf. 富山一郎, 2013/2015.

145 cf. 김재형, 2021; 남수정, 2019.

146 Bauman, 2003/2008; Kern, 2019/2022; Mezzadra & Neilson, 2013/2021; Popescu, 2011/2018.

147 Hall, 1996/2015.

148 "롤랑 바르트(Roland Barthes)는 '신화는 사물의 역사적 특성이 유실됨으로써 구축된다'고 말한 바 있다(Barthes, 1972: 129). 리처드 슬로킨(Richard Slotkin)은 신화가 그 역사적 맥락에서 의미를 떼어낼 뿐 아니라 역사에 상호적인 영향을 미친다고, 즉 '역사는 클리셰가 된다'고 풀어서 설명했다(Slokin, 1985: 16, 21-32). 여기에는 신화가 사물의 지리적 특성이 유실됨으로써 구축된다는 당연한 결론을 덧붙여야 한다. 탈영역화 역시 신화 만들기에서 중요하다. 신화를 구성하는 지리에서 더 많은 사건들이 탈각될수록 신화는 더욱 강력해진다. 지리 역시 클리셰가 된다"(Smith, 1996/2019: 36). 이를 포함한 이 글의 상당 부분은 닐 스미스(Neil Smith)의 논의를 중요하게 참조했다.

149 cf. Hall, 1996/2015.

150 Kaufmann, 2011/2021; Mumford, 1961/2016; Soja, 2000/2018.

151 로어이스트사이드, 즉 LES는 맨해튼의 남동쪽 세부구역으로 이스트빌리지, 리틀이탈리아, 차이나타운을 포함하는 영역이다. LES의 역사-지역적 맥락에 대해서는 미국사학자 박진빈의 설명을 참조해보자. 이곳은 "오랜 역사에 걸쳐 이민 집단들의 거주지로 유명했다. 세기 전환기 동유럽과 아시아 이민자들의 열악한 생활상을 고발했던 제이콥 리스(Jacob A. Riis)의 르포 <다른 절반은 어떻게 사는가>가 집중조명했던 바로 그 구역, 이민자들이 고한제 노동에 시달렸던 작업장과 협소한 임대아파트가 뒤섞인 동

네였다. 1950년대 이후로 급증한 푸에르토리코 이민자들도 우선 LES에 자리를 잡았다. 지가와 임대료가 쌌기 때문에 전통적으로 극빈자와 저임금 노동자들이 거주하고 있었다. 여기에 뉴욕대와 쿠퍼유니언대학, 뉴스쿨 등이 인근에 자리잡은 까닭에 가난한 대학생들이 하숙을 구하는 동네이기도 했다."(박진빈, 2009: 339)

152 Löw, 2001/2020.

153 cf. 박정현·김상호·박성태 (편), 2019.

154 이승빈, 2022.

155 손정목, 2003: 80.

156 도미야마 이치로(富山一郎, 2013/2015)가 룸펜 프롤레타리아트의 정치와 관련하여 마이크 데이비스(Mike Davis)나 슬라보예 지젝(Slavoj Zizek) 등의 논의를 중요하게 참조하면서도, 이들이 정치성을 타자화와 자연화된 슬럼으로부터 찾았다는 지점을 경계했던 것을 상기해볼 수 있을 듯하다. 특히 도미야마 이치로가 프란츠 파농(Frantz Fanon)과 주디스 버틀러(Judith Butler)의 논의를 접합하며 지적한 바에 따르면, "진정한 비판적 작업이란 '발화가 자유로울 수 있는 특권적인 장소가 있기라도 하는 양' 해설하는 것이 아니라 '사전 배제를 통해 그어진 경계'를 다시 긋는 일"(238)이어야 한다. 사전 경계가 다시 그어지는 순간이 '과거 시간과의 단절을 통해서 미래 시간의 기초를 구축하는 계기'(버틀러)가 될 수 있다는 것이다.

157 Scott, 1998/2010. 또한 이 책 4장의 일부 논의와 그 참고문헌을 같이 참조할 것을 제안한다.

158 cf. 이승빈, 2021c, 2022.

159 남수정, 2019: 47; 손정목, 2003: 87.

160 손정목, 2003: 81.

161 남수정, 2019: 47.

162 남수정, 2019: 47-48

163 손정목, 2003: 89.

164 손정목, 2023: 80, 89.

165 남수정, 2019.

166 Smith, 1996/2019: 25.

167 닐 스미스는 이를 시 당국이 젠트리피케이션과 주택의 시장화·금융화를 독려하고 활성화하기 위한 것이었다고 논한다(Smith, 1996/2019: 23).

168 Wines, 1988; Smith, 1989; Quick, 2015.

169 DePalma, 1988; Ferguson, 1988; Smith, 1996/2019; Quick, 2015, Unger, 1984.

170 Smith, 1989, 1996/2019; Quick, 2015.

171 Kifner, 1991.

172 Smith, 1996/2019: 27.

173 Bauman, 2003/2008: 241.

174 민현석, 2015.

175 손정목, 2003: 79; Smith, 1996/2019: 25.

176 Glaeser, 2011/2011; Soja, 2000/2018.

177 cf. Castells, 1989; Sassen, 2012/2016; N. Smith, 1996/2019; M. P. Smith, 1984; Soja, 2000/2019; Watson, 2011/2014.

178 Bauman, 2003/2008.

179 McMichael, 2012.

180 김재형, 2021.

181 보다 상세한 논의가 필요하겠지만, 단적으로 말한다면 1960년대 '종삼'에서의 배치-배제의 논리가 군부독재 정권 아래 하이모더니스트 계획 주체의 가독성 시각화 및 빈민·여성 혐오의 초점을 가지고 있었다면, 1980-1990년대 톰킨스스퀘어의 배치-배제의 논리는 빈민 혐오와 함께 결부된 소수민족 혐오(Smith, 1996/2019: 26)와 뉴욕이라는 세계도시의 '글로벌' 회로의 부동산시장과 금융경관, 그리고 이를 위한 젠트리피케이션의 활성화 의도와 맞물려 있었던 것이었다.

182 cf. 酒井直樹, 2003; 富山一郎, 2013/2015.

183 cf. 전수빈·김정빈, 2018. 그런데 전수빈과 김정빈(2018)은 FHL와 주도자들을 '참여적 주체'라고 칭한다. '당사자'와 '주체'가 등치될 수 있는 개념인지에 대해서는 이 글의 결론에서 간접적으로 언급할 것이다.

184 친구사이, 2018; David & Hammond, 2011/2014.

185 2009년 제1구간 개장, 2014년 전 구간 개장.

186 친구사이, 2018.

187 Piepenburg, 2012.

188 McDermott, 2016.

189 친구사이, 2018.

190 Friends of the High Line, 2016.

191 Moss, 2012.

192 알려진 것처럼, 철거 예정이던 고가도로를 선형공원으로 전용한 서울로 7017의 사업 수립은 하이라인을 중요한 전례로 직접 참조한 것이었다. 당시 서울시 인사들이 하이라인을 직접 방문하여 순방하기도 했고, 반대로 FHL의 활동가들은 당시 박원순 시정의 초청으로 서울을 방문하여 서울로7017 사업의 일정 단계에서 일종의 멘토로 활동하기도 했다.

193 이 문단의 이하 내용은 필자의 석사학위논문의 일부분(이승빈, 2021a: 191-201)을 축약 수정함.

194 Davis, 1990; Flusty, 1994; Garrett, 2013/2014; Graham, 2018/2019; Mezzadra & Neilson, 2013/2021; Sennett, 2018/2020; Soja, 2000/2019 등.

195 서울특별시, 2017: 1000-1001.

196 Bauman, 2003/2008: 148-149.

197 cf. 정헌목, 2012; 정태호·이성호, 2022.

198 cf. Maessy, 2005/2016; Sassen, 2012/2016.

199 Sennett, 1970/2014: 222.

200 Sassen, 2017/2017; Smith, 1996/2019.

201 그런 점에서 톰킨스스퀘어의 대치에서 '계급 전쟁'(Wines, 1988)이 말해진 것은 더욱 강조되어야 하는 사실일 것이다. 여기서 계급은 추상화되고 도식화된 계급이라기보다는, 자본주의적 도시화 과정에 맞서 도시공간에서 실체를 갖는 계급일 수 있다(cf. Marcuse, 2010).

202 Smith, 1996/2019: 25.

203 富山一郎, 2013/2015: 238.

참고문헌

강상우 (2020). <김군을 찾아서>. 후마니타스.

광주광역시 5.18사료편찬위원회 (1999). <5.18 광주 민주화운동자료 총서, 제17권>. 광주광역시 5.18사료편찬위원회.

김갑수 (1993). 우리나라의 하수도현황과 전망. <대한위생학회지>, 8권 2호, 65-83.

김갑수 (1995). 하수의 적절한 관리, 활용 및 개선방향. <환경보전지>, 17권 2호, 30-43.

김재형 (2021). <질병, 낙인: 무균사회와 한센인의 강제격리>. 돌베개.

남수정 (2019). <서울 도심 타자 공간의 문화 정치: 종로 3가를 중심으로>. 연세대학교 커뮤니케이션대학원 석사학위논문.

박솔뫼 (2021). <미래 산책 연습>. 문학동네.

박정현·김상호·박성태 (편) (2019). <국가 아방가르드의 유령>. 프로파간다.

박진빈 (2009). 1970년대 이후 뉴욕의 젠트리피케이션: 신자유주의 시대 대도시의 운명. <역사비평>, 통권 89호, 333-364.

박홍근 (2015a). 1960년대 후반 서울 도시근대화의 성격: 도시빈민의 추방과 중산층 도시로의 공간재편. <민주주의와 인권>, 15권 2호, 237-275.

박홍근 (2015b). 사회적 배제의 형성과 변화-넝마주이 국가동원의 역사를 중심으로. <사회와 역사>, 108권, 227-261.

서울특별시 (2017). <서울로 7017 백서>. 생각쉼표.

손정목 (2003). 나비작전: 종삼 소탕기. <도시문제>, 38권 410호, 77-89.

신혜란 (2022). <누가 도시를 통치하는가: 어느 문화 도시가 들려준 도시 정치 이야기>. 이매진.

심혜련 (2012). 도시 공간 읽기의 방법론으로서의 흔적 읽기. <시대와 철학>, 23권 2호, 67-97.

심혜련 (2019). 뵈메의 분위기 감성학과 디지털 매체예술의 수용방식에 관하여. <감성연구>, 19호, 5-29.

오제연 (2014). 4월혁명의 기억에서 사라진 사람들 고학생과 도시하층민. <

역사비평>, 106호, 136-172.

원주영 (2020). 악취 없는 도시 만들기: 서울 올림픽과 도시 악취 규제의 전환. <과학기술학연구>, 20권 1호, 1–38.

유경남 (2013). 1970~80년대 무등산 개발사업과 그 내파(內破). <지방사와 지방문화>, 16권 1호, 233-263.

이승빈 (2021a). <도시 내부 경계의 공간적 특수성과 재구성의 실천들: 서울역 일대를 중심으로>. 연세대학교 커뮤니케이션대학원 석사학위논문.

이승빈 (2021b). 20세기 전반기 서울역의 '경계짓기' 과정에 대한 연구: 철도, 도시, 경계의 공간 매개적 커뮤니케이션. <언론과 사회>, 29권 2호, 58-123.

이승빈 (2021c). 서울역 일대 도시공간 재구성의 무산된 청사진: 1968년도 개발안들의 경계 해체 구상. <공간과 사회>, 31권 2호, 171-212.

이승빈 (2022). 영상물을 활용한 건설-경관 연출의 정치: 1960년대 후반 대한뉴스의 '건설의 메아리'를 중심으로. <언론과 사회>, 30권 4호, 111-194.

이승빈·김영대·신지연 (편) (2021). <잡종도시서울>. 인디펍.

이정선 (2021). 1980년 광주항쟁과 도시 빈민: 어디서 와서 어디로 사라졌는가. <역사문제연구>, 25권 1호, 49-89.

전수빈·김정빈 (2018). 상향식 도시재생과정을 통한 공공 공간 조성과정에서 참여적 주체의 역할에 대한 연구: 뉴욕 하이라인을 중심으로. <국토계획>, 53권 1호, 37-50.

전치형·김성은·김희원·강미량 (2021). <호흡공동체: 미세먼지, 코로나19, 폭염에 응답하는 과학과 정치>. 창비.

정태호·이성호 (2022). 지방 중소도시로의 게이티드 커뮤니티 확산: 진주시 아파트 단지의 전자출입문을 사례로. <국토지리학회지>, 56권 4호, 367-381.

정헌목 (2012). 게이티드 커뮤니티의 공간적 특성과 사회문화적 함의. <서울도시연구>, 13권 1호, 37-56.

한석정 (2010) 박정희, 혹은 만주국판 하이 모더니즘의 확산. <일본비평>. 3호, 120-137.

한석정 (2012). 만주국-60년대 한국, 불도저 국가의 흐름. <만주연구>, 13호, 161-178.

허은광 (2008). 대한뉴스의 인천기록에 대한 비판적 고찰. <인천학연구>, 8권, 281-308.

酒井直樹 (2003). 이규수 (역), <국민주의의 포이에시스>. 창비.

富山一郎 (2013). *流着 思想:「沖縄問題」系譜学*. 심정명 (역) (2015). <유착의 사상: '오키나와 문제'의 계보학과 새로운 사유의 방법>. 글항아리.

Adey, P. (2013). Air/Atmospheres of the Megacity. *Theory, Culture & Society, 30*(7–8), 291–308.

Adey, P. (2014). *Air: Nature and Culture.* 임지원 (역) (2015). <공기: 신비롭고 위험한>. 반니.

Adey, P. (2017). *Mobility*. 최일만 (역) (2019). <모빌리티 이론>. 앨피.

Apata, G. O. (2020). 'I Can't Breathe': The Suffocating Nature of Racism. *Theory, Culture & Society, 37*(7–8), 241–254.

Augé, M. (1992). *Non-lieux: Introduction à une anthropologie de la surmodernité.* 이상길·이윤영 (역) (2017). <비장소: 초근대성의 인류학 입문>. 아카넷.

Avila-Palencia, I., Panis, L. I., Dons, E., Gaupp-Berghausen, M., Raser, E., Götschi, T., Gerike, R., Brand, C., de Nazelle, A., Orjuela, J.P., Anaya-Boig, E., Stigell, E., Kahlmeier, S., Iacorossi, F. & Nieuwenhuijsen, M. J. (2018). The effects of transport mode use on self-perceived health, mental health, and social contact measures: a cross-sectional and longitudinal study. *Environment international, 120*, 199-206.

Azoulay, A. A. (2019). *Potential History: Unlearning Imperialism.* Verso.

Bauman, Z. (2003). *Wasted lives: Modernity and its outcasts.* 정일준 (역) (2008). <쓰레기가 되는 삶들: 모더니티와 그 추방자들>. 새물결.

Bissell, D. (2008). Comfortable Bodies: Sedentary Affects. *Environment and Planning A: Economy and Space, 40*(7), 1697–1712.

Castells, M. (1989). *The Informational City: Information technology, economic restructuring, and the urban-regional process.* B. Blackwell.

David, J. & Hammond, R. (2011). *High Line: The inside story of New York City's park in the sky.* 정지호 (역) (2014). <하이라인 스토리: 뉴욕 도심의 버려진 고가 철도를 하늘공원으로 만든 두 남자 이야기>. 푸른숲.

Davis, M. (1990). *City of quartz: Excavating the future in Los Angeles.* Verso.

de Certeau, M. (1984). *The practice of everyday life.* University of California Press.

Döring, J. & Thielmann, T. (Eds.) (2008). *Spatial Turn: das Raumparadigma in den Kultur- und Sozialwissenschaften.* 이기숙 (역) (2015). <공간적 전회>. 심산.

Flusty, S. (1994). *Building Paranoia: The Proliferation of Interdictory Space and the Erosion of Spatial Justice.* Los Angeles Forum for Architecture and Urban Design.

Furness, Z. (2010). *One less car: Bicycling and the politics of automobility.* Temple University Press.

Garrett, B. L. (2013). *Explore everything: Place-hacking the city.* 오수원 (역) (2014). <도시해킹: 탐하라, 허락되지 않은 모든 곳을>. 메디치.

Glaeser, E. L. (2011). *Triumph of the city: How our greatest invention makes us richer, smarter, greener, healthier, and happier.* 이진원 (역) (2011). <도시의 승리: 도시는 어떻게 인간을 더 풍요롭고 더 행복하게 만들었나>. 해냄.

Graham, S. (2018). *Vertical: The city from satellites to bunkers.* 유나영 (역) (2019). <수직사회: 새로운 공간은 어떻게 계층의 격차를 강화하는가>. 책세상.

Hall, S. (1996). *Stuart Hall: Critical dialogues in cultural studies.* 임영호 (역) (2015). <문화, 이데올로기, 정체성>. 컬처룩.

Ingold, T. (2007). Earth, sky, wind, and weather. *Journal of the Royal*

Anthropological Institute, 13, S19-S38.

Jovanović, N. (2017). *Brechtian cinemas: Montage and theatricality in Jean-Marie Straub and Daniele Huillet, Peter Watkins, and Lars von Trier.* SUNY Press.

Kaufmann, V. (2011). *Re-thinking the city: Urban dynamics and mobility.* 최영석 (역) (2021). <도시를 다시 생각한다: 도시의 역학과 모틸리티>. 앨피.

Kern, L. (2019). *Feminist city: A field guide.* 황가한 (역) (2022). <여자를 위한 도시는 없다>. 열린책들.

Kotef, H. (2015). *Movement and The Ordering of Freedom.* 장용준 (역) (2022). <이동과 자유: 자유주의적 통치와 모빌리티의 계보학>. 앨피

Larsen, J. (2014). (Auto)Ethnography and cycling. *International Journal of Social Research Methodology, 17*(1), 59-71.

Latour, B. (1987), *Science In Action: How to Follow Scientists and Engineers Through Society.* 황희숙 (역) (2016). <젊은 과학의 전선: 테크노사이언스와 행위자-연결망의 구축>. 아카넷.

Lefebvre, H. (1974). *La Production De L'Espace.* 양영란 (역) (2011). <공간의 생산>. 에코리브르.

Löw, M. (2001). *Raumsoziologie.* 장유진 (역) (2020). <공간사회학: 물질성·구조·행위의 상호작용>. 제르미날.

Marcuse, P. (2010). From critical urban theory to the right to the city. *City: Analysis of Urban Change, Theory, Action, 13*(2-3), 185-197.

Massey, D. B. (1994). *Space, place, and gender.* 정현주 (역) (2015). <공간, 장소, 젠더>. 서울대학교출판문화원.

Massey, D. B. (2005). *For Space.* 박경환·이영민·이용균 (역) (2016). <공간을 위하여>. 심산.

McDermott, K. (2016). *High Line Nudes.* Ten Avenues Press.

McIlvenny, P. (2015). The Joy of Biking Together: Sharing Everyday Experiences of Vélomobility. *Mobilities, 10*(1), 55-82.

McMichael, P. (2012). *Development and social change: A global perspective*(5th Edition). SAGE Publication.

Mezzadra, S. & Neilson, B. (2013). *Border as method, or, The multiplication of labor*. 남청수 (역) (2021). <방법으로서의 경계: 전지구화 시대 새로운 착취와 저항 공간의 창출>. 갈무리.

Mumford, L. (1961) *The city in history: Its origins, its transformations and its prospects.* 김영기 (역) (2016). <역사 속의 도시: 그 기원, 변형과 전망>. 지식을만드는지식.

Popescu, G. (2011). *Bordering and ordering the twenty-first century: Understanding borders.* 이영민·이용균 (역) (2018). <국가·경계·질서: 21세기 경계의 비판적 이해>. 푸른길.

Quick, G. C. (2015). *Art and the Politics of Neoliberal Subjectivity: The Activist Artist in the East Village, 1981-1993.* Master's thesis, Tufts University.

Sassen, S. (2012). *Cities in a world economy*(4th ed.). 남기범·이원호·유환종·홍인욱 (역) (2016). <사스키아 사센의 세계경제와 도시>. 푸른길.

Sassen, S. (2017). 도시는 공식 권력 체계의 무력화를 도울 수 있는가?. 배형민·알레한드로 자에라폴로 (편), 조순익 (역) (2017). <공유도시: 임박한 미래의 도시 질문>(192-202쪽). 워크룸프레스.

Scott, J. C. (1998). *Seeing like a state:how certain schemes to improve the human condition have failed.* 전상인 (역) (2010). <국가처럼 보기: 왜 국가는 계획에 실패하는가>. 에코리브르.

Sennett, R. (1970). *The Uses of Disorder: Personal Identity & City Life.* 유강은 (역) (2014). <무질서의 효용: 개인의 정체성과 도시 생활>. 다시봄.

Sennett, R. (2018). *Building and dwelling: Ethics for the city.* 김병화 (역) (2020). <짓기와 거주하기: 도시를 위한 윤리>. 김영사.

Simmel, G. (2005). 김덕영·윤미애 (편역). <짐멜의 모더니티 읽기>. 새물결.

Smith, M. P. (Ed.) (1984). *Cities in Transformation: Class, Capital, and the State(Urban Affairs Annual Reviews).* Sage Publications.

Smith, N. (1989). Tompkins Square: Riots, rents, and redskins. *Portable lower east side, 6,* 1-36.

Smith, N. (1996). *The new urban frontier: Gentrification and the revanchist city.* 김동완·김은혜·김현철·황성원 (역) (2019). <도시의 새로운 프런티어: 젠트리피케이션과 도시강탈>. 동녘.

Soja, E. W. (1989). *Postmodern Geographies: The Reassertion of Space in Critical Social Theory.* 이무용 외 (역) (1997). <공간과 비판사회이론>. 시각과 언어.

Soja, E. W. (2000). *Postmetropolis: Critical studies of cities and regions. Part. 1. Remapping the Geohistory of Citiscape.* 이성백·남영호·도승연 (역) (2018), <포스트메트로폴리스 1: 도시공간의 지리사>. 라움.

Soja, E. W. (2000). *Postmetropolis: Critical studides of cities and regions. Part. 2. Six Discourses on the Postmetropolis.* 이현재·박경환·이재열·신승원 (역) (2019), <포스트메트로폴리스 2: 포스트메트로폴리스에 대한 여섯 가지 담론>. 라움.

Sorkin, M. (Ed.) (1992). *Variations on a theme park: The new American city and the end of public space.* Macmillan.

Watson, J. K. (2011). *The new Asian city: Three-dimensional fictions of space and urban form.* 태혜숙 (역) (2014). <새로운 아시아 도시: 공간과 도시 형태의 3차원 허구들>. 심산.

국내 기사

경향신문 (1946, 11, 19). "쓰레기"치운다 市에서트럭動員全力. 2면.

경향신문 (1950, 02, 09). 共同便所. 2면.

경향신문 (1975, 02, 01). 700万…서울의 苦悶(8) 公害 限界點 넘어. 7면.

경향신문 (1968, 02, 12). 「公害」…無防備서울. 6면.

경향신문 (1987, 09, 09). 제1회「漢江의 날」행사. 10면.

경향신문 (1989, 02, 09). 下水처리장 있으나 마나. 13면.

국민일보 (2019, 02, 11). 서울 초미세먼지 국내 영향이 더 크다… 국외요인은 27%. URL: http://news.kmib.co.kr/article/view.

asp?arcid=0924061242

국제신보 (1960, 05, 14). '양아치'도 이 나라의 아들딸들이다. (홍영유(2010) <4월혁명통사 7>, 천지창조, 11-13에 수록)

기호일보 (2020, 12, 23). 김포골드라인 운행 장애 원인… "열차종합제어장치(TCMS)" 고장. URL: https://www.kihoilbo.co.kr/news/articleView.html?idxno=902943

김포미래신문 (2008, 08, 18). 김포의 지명 변천사. URL: http://www.gimpo.com/news/articleView.html?idxno=16211

뉴스1 (2020, 12, 21). 김포 경전철 선로 비상통로로 탈출하는 승객들. URL: https://www.news1.kr/photos/details/?4538435

데일리안 (2021, 05, 24). 출퇴근 혼잡도 280%, 지옥철 김포골드라인 직접 타보니… "토나오려고 합니다". URL: https://www.dailian.co.kr/news/view/993585

동아일보 (1948, 12, 12). 不足한厚生事業 「쓰레기糞尿」못치고해넘기나. 2면. 데일리안 (2021, 5, 24). 출퇴근 혼잡도 280%, 지옥철 김포골드라인 직접 타보니… "토나오려고 합니다". URL: https://www.dailian.co.kr/news/view/993585

동아일보 (1960, 10, 14). 民市 保建좀먹는『분뇨탱크』住宅地帶한복판에 放置. 3면.

동아일보(1962, 06, 18). 無窮更生院事件을보고. 1면.

동아일보 (1969, 09, 29). 糞尿수거에 큰모순. 4면.

동아일보 (1970, 04, 14). 낙산어파트 탱크 축대무너져 이번엔 糞尿소동. 8면.

동아일보 (1973, 02, 14). 市,水洗式변소 義務化계획마련 來一日부터 實態조사. 6면.

동아일보 (1973, 05, 30). 서울特別市 異常肥大症 앓는「축소韓國」<21> 大氣오염·騷音. 9면.

동아일보 (1976, 09, 21). 清溪川下水處理場준공. 6면.

동아일보 (1990, 12, 15). 京畿道 下水 서울 유입 처리 용량부족 부채질. 17면.

동아일보 (1991, 09, 09). 썩은 창릉川 한강下流 죽인다. 21면.

동아일보 (1991, 09, 28). 地域主義의 확산과 대책. 2면.

동아일보 (1988, 07, 27). 城山洞 분뇨처리장 내년 폐쇄. 9면.

동아일보 (1993, 06, 25). "수돗물서 세균 검출된적 없다" 學界(학계)와 공동조사 의향. 27면.

동아일보 (2020, 12, 22). 정하영 시장·김포골드라인, 전동차 사고 사과… "환불 조치". URL: https://www.donga.com/news/Society/article/all/20201222/104592008/1

매일경제 (1971, 04, 23). 國民黨회의장에 人糞洗禮. 3면.

매일경제 (1970, 02, 25). 방배동 惡臭에넘치기도. 8면.

매일경제 (1983, 02, 09). 全大統領지시 都市정비·질서확립 주력 漢江綜合開發 차질없게. 1면.

매일경제 (1985, 08, 13). 城山洞·高陽 분뇨처리장 이전 87년까지 각각 蘭芝·安養으로. 10면.

매일경제 (1986, 09, 11). 生動의 파노라마 새漢江 90里 <4> 맑아진 물. 11면.

연세춘추 (2016, 05, 07). 신촌역과 유플렉스 지하통로의 노숙인 실태를 짚다. URL: http://chunchu.yonsei.ac.kr/news/articleView.html?idxno=21444

연합뉴스 (2021, 02, 08). 백화점 화장품 매출 줄었는데 향수는 급증…이유는. URL: https://www.yna.co.kr/view/AKR20210205123100030

인천인 (2021, 10, 22). 서울5호선 검단·김포 연장 급제동... 경제성 있는 새 노선 있을까?. URL: https://www.incheonin.com/news/articleView.html?idxno=83360

조선일보 (1946, 01, 31). 協方感의高揚. 2면.

조선일보 (1966, 09, 23). 國會를冒瀆하지말라. 2면.

조선일보 (1962, 03, 20). 貧民窟破壞論. 2면.

조선일보 (1964, 01, 07). 숨은골치거리쓰레기處理. 6면.

조선일보 (1967, 03, 28). 糞尿탱크6個新設. 8면.

조선일보 (1968, 03, 21). 難民定着村 衛生엉망. 6면.

조선일보 (1970, 06, 20). 「汚物」…·漢江. 7면.

조선일보 (1970, 06, 23). 糞尿55%가 漢江에. 8면.

조선일보 (1970, 11, 22). "漢江물 못마신다". 7면.

조선일보 (1973, 12, 18). 市政메모 365일 ⑥ 淸掃. 6면.

조선일보 (1975, 02, 17). 서울市政'75 ⑤ 환경. 6면.

중앙일보 (2019, 03, 06). 개·고양이,사람보다 미세먼지에 더 취약. URL: https://www.joongang.co.kr/article/23402936#home.

한겨레 (1990, 09, 11). 국회에 오물투척 전북대 6명 연행. 15면.

한겨레 (1988, 06, 07). 한강에 분뇨 하루 4백 톤 쏟아붓는다. 7면.

한겨레 (1989, 03, 01). 파탄위기의 농촌 ⑩ 쓰레기·폐수로 병드는 농토. 10면.

한겨례 (2013, 01, 25). 박근혜도 구명운동 나선 '무등산 타잔'의 진실?, URL: https://www.hani.co.kr/arti/society/society_general/571341.html

한겨레 (2019, 02, 15). 한국 미세먼지 내리막은 왜 멈췄나. URL: https://www.hani.co.kr/arti/society/environment/882377.html

한국일보 (2016, 04, 04). "지하철 1호선 악취 안나면 이상"…차량 78% 환기시설 '無'. URL: https://www.hankookilbo.com/News/Read/201604041428385715

한국일보 (2019, 10, 22). 현대백화점, 매장 내 공기 질 개선에 5년간 60억 투자. URL: https://www.hankookilbo.com/News/Read/201910221153335081

프레시안 (2020, 09, 10). "자전거, 길이 엉망이어서 못 타요!". URL: https://www.pressian.com/pages/articles/2020090711380752545#0DKU

해외 기사/인터넷 자료/기타 자료

5·18 민주화운동 특별전. (n.d.). 마이크 넬슨. <5·18 민주화운동 특별전>. URL: http://maygwangju.kr/project/%eb%a7%88%ec%9d%b4%ed%81%ac-%eb%84%ac%ec%8a%a8/

나원영 (n.d.). 현실에서부터 노클립되기: 리미널 스페이스와 백 룸, 시공을 로어화하기. <마테리알>. URL: https://ma-te-ri-al.notion.site/NEW-5-f8e0d3ffb7f344d4abe198d74456d851

민현석 (2015). 세운상가 조성계획: 세운상가 건립과 재생. <서울정책아카이브>. URL: https://seoulsolution.kr/ko/content/세운상가-조성계획-세운상가-건립과-재생

친구사이 (2018). 박원순의 도시재생 롤모델, '하이라인'에 숨은 놀라운 이야기: 이 구역의 진짜 주인은 바로 나야, 세계 도시 속 LGBT 게토들①. <HUFFPOST>. URL: https://www.huffingtonpost.kr/news/articleView.html?idxno=73410

환경부 (2016). 바로 알면 보인다. 미세먼지, 도대체 뭘까?. URL: http://www.me.go.kr/home/file/readDownloadFile.do?fileId=127372&fileSeq=1&openYn=Y

환경부 (2021). 2020년 초미세먼지 농도 19μg/㎥, 관측 이래 최저. URL: http://www.me.go.kr/home/web/board/read.do?boardMasterId=1&boardId=1422140&menuId=286

DePalma, A. (1988). Can City's plan rebuild Lower East Side?. *The New York Times*, October 14.

Ferguson, S. (1988). The boombox wars. *Village Voice*, August 16.

Friends of the High Line. (2016). A note about panhandling. URL: https://www.thehighline.org/blog/2016/06/20/a-note-about-panhandling/

Kifner, J. (1991). New York closes park to homeless. *The New York Times*. URL: https://www.nytimes.com/1991/06/04/nyregion/new-york-closes-park-to-homeless.html

Liminal Space, in Visual Creepy, Aesthetics Wiki 2010s, 다음에서 (2022, 09, 29)에 가져옴: URL: https://aesthetics.fandom.com/wiki/Liminal_Space

Moss, J. (2012). Disney World on the Hudson. *The New York Times*. URL: https://www.nytimes.com/2012/08/22/opinion/in-the-shadows-of-the-high-line.html

New Yorker (2021, 04, 16). The Pleasant Head Trip of Liminal Spaces. URL: https://www.newyorker.com/culture/rabbit-holes/the-pleasant-head-trip-of-liminal-spaces

Piepenburg, E. (2012). Under the High Line, a Gay Past. *The New York Times.* URL: https://archive.nytimes.com/artsbeat.blogs.nytimes.com/2012/02/03/under-the-high-line-a-gay-past/

The Asahi Shimbun (2020, 10, 14). Supercomputer finds safest way to sit and chat while eating out. URL: https://www.asahi.com/ajw/articles/13817552

The Verge (2016, 03, 10). Why the NSA is staying out of Apple's fight with the FBI. URL: https://www.theverge.com/2016/3/9/11186868/apple-fbi-nsa-encryption-exploit-hack

Unger, C. (1984). The Lower East Side: there goes the neighborhood. *New York*, May 28, 32-41.

Watkins, P. (2019). To the organizers and audience in Seoul, July 2019. 제2회 레지스탕스영화제 배부자료.

Wines, M. (1988). Class struggle erupts along Avenue B. *The New York Times.* URL: https://www.nytimes.com/1988/08/10/nyregion/class-struggle-erupts-along-avenue-b.html

이 책에 수록된 글의 최초 공개 일자/지면

01. 공간주의 구상 1안
2021년 4월 14일 | 공간주의 웹플랫폼 온라인 선공개

02. 볼 수 있는 것과 느낄 수 있는 것 사이
2021년 4월 29일 | 공간주의 웹플랫폼 온라인 선공개

03. 리미널스페이스론
2021년 5월 22일 | 공간주의 웹플랫폼 온라인 선공개

04. 우리도 건설한다?
2021년 7월 27일 | 공간주의 웹플랫폼 온라인 선공개

05. 물과 변으로 상상력을 수혈하기
2021년 11월 17일 | 독립출판물 <잡종도시서울> 수록(pp.31-62)

06. 서울에서 숨쉬기
2021년 11월 17일 | 독립출판물 <잡종도시서울> 수록(pp.197-223)

07. 사건: 도시(간)지하(사이)공간
2021년 11월 17일 | 독립출판물 <잡종도시서울> 수록(pp.147-172)

08. 이동하는 신체, 움직임 속의 감각
2021년 6월 6일 | 공간주의 웹플랫폼 온라인 선공개

09. 떠도는 이들은 어떻게 잊혀졌는가?
2022년 4월 30일 | 공간주의 웹플랫폼 온라인 선공개

10. 게임의 공간에서 자율성 혹은 행위역량을 궁구하며
2021년 8월 6일 | 공간주의 웹플랫폼 온라인 선공개

11. 세계 열기 혹은 메타게이밍을 위한 공용 장치
2022년 8월 15일 | 독립전시공간 '수건과화환' 공동참여전시 <TEXT BUFFET VOL.2> 출품

12. 도시에서 당사자를 의심하기
2023년 2월 15일 | 공간주의 웹플랫폼 온라인 선공개

저자소개

– 신지연

광주에서 태어나고 자랐다. 연세대학교 커뮤니케이션대학원에서 미디어문화연구를 공부했고, 현재는 같은 학교의 문화인류학과에서 박사과정 중이다. 공간문화 플랫폼 [공간주의]를 공동 기획하였고 편집진으로 참여하고 있다. 주요 작업으로 논문 [한국을 떠나는 여성-청년들], [플랫폼과 도시공간은 어떻게 관계 맺는가](공저), [지아장커 영화의 경관, 지아장커 영화라는 경관](공저)과 독립출판물 [잡종도시서울](공저)이 있다. 이동을 둘러싼 동아시아 사회현상에 관심을 두고 연구하고 있다.

– 이승빈

연세대학교 커뮤니케이션대학원에서 미디어문화연구로 박사과정 중이다. 공간문화 플랫폼 [공간주의]의 개설을 제안했고, 편집진으로 참여하고 있다. 논문 [영상물을 활용한 건설 경관-연출의 정치], [서울역 일대 도시공간 재구성의 무산된 청사진], [20세기 전반기 서울역의 '경계짓기' 과정에 대한 연구], [플랫폼과 도시공간은 어떻게 관계 맺는가](공저), [지아장커 영화의 경관, 지아장커 영화라는 경관](공저)과 독립출판물 [잡종도시서울](공저) 등을 출간했다. 도시공간의 경계와 경합, 입지와 경관, 미디어 사회문화사에 관심을 두고 연구하고 있다.

– 김영대

연세대학교 커뮤니케이션대학원에서 미디어문화연구를 공부했다. 여러 이름으로 문화정치와 그 너머의 관점에서 글을 쓰며 공간문화 플랫폼 [공간주의]의 편집진이다. 한국문화연구학회, 공간환경학회에서 각각 비디오게임([던전의 전투기들: FPS의 짧은 기술사]), 플랫폼 어바니즘([플랫폼과 도시공간은 어떻게 관계 맺는가](공저))에 관한 논문과 독립출판물 [잡종도시서울](공저)을 출간했고, 국립현대미술관 [워치앤칠 3.0, 서스펜스의 도시]에 [도시의 그림 그리기 혹은 서스펜스의 게임]을 기고했다. 최근에는 문화현상의 기술·공간적 조건과 함께 감각과 담론의 계급 동학에 관해 생각 중이다.